北京舞蹈学院"十四五"时期
科研成果出版资助计划项目

Publishing Funding Project of Academic Achievements
of Beijing Dance Academy's "14th Five-Year Plan"

项目名称：中国多民族舞蹈节奏的应用研究　项目编号：0619027/015

中国多民族非遗传统舞蹈之 节奏与应用（一）

刘良 编著

中国出版集团　现代出版社

图书在版编目（CIP）数据

中国多民族非遗传统舞蹈之节奏与应用. 一 / 刘垠编著. -- 北京：现代出版社，2023.10
ISBN 978-7-5231-0133-9

Ⅰ. ①中… Ⅱ. ①刘… Ⅲ. ①民间舞蹈－非物质文化遗产－中国－教材 Ⅳ. ①G122

中国国家版本馆CIP数据核字(2023)第185055号

作　　者	刘　垠
选题策划	竹　岗
责任编辑	竹　岗

出 版 人	乔先彪
出版发行	现代出版社
地　　址	北京市安定门外安华里504号
邮　　编	100011
电　　话	(010)64267325
传　　真	(010)64245264
网　　址	www.1980xd.com
印　　刷	固安兰星球彩色印刷有限公司
字　　数	294千字
开　　本	787mm×1092mm　1/16
印　　张	16.75
版　　次	2023年10月第1版，2023年10月第1次印刷
书　　号	ISBN 978-7-5231-0133-9
定　　价	108.00元

版权所有，翻印必究；未经许可，不得转载

序

　　刘艮老师是北京舞蹈学院中国民族民间舞系乐队的优秀教师，这本《中国多民族非遗传统舞蹈之节奏与应用》是刘艮老师积累多年的教学经验与研究成果。这本书使我们了解到刘艮老师对中国民族民间舞蹈音乐事业的执着追求，在她不断深入民间采风调研的过程中，提取不同民族音乐节奏特点运用于教学，其意义非常深远！

　　随着时间的流逝，乐队老一代的教学工作者几乎都退休了，乐队领军人物龚小明老师从中央音乐学院招收了一批高学历、高水平的研究生，给乐队注入了新的能量源泉。这批音乐人体现了她们的学识、修养，更重要的是她们全身心的投入到教学与舞蹈当中的这种热忱之心，深深感染着我！看到她们在课堂、在教室、在舞台上跟学生们共同进行作品的创作与表演，使我非常感动！因为我也是在北京舞蹈学院成长起来的，小的时候也有幸受到老一代的舞蹈音乐人的培育。我最早跟河北民间艺人周国宝先生学习河北秧歌舞蹈节目《扑蝴蝶》，并跟同班同学刘大兴他们一起学习。我们学的完全是民间的作品，那时乐队老师现场演奏，我们根据现场音乐即兴表演。周国宝先生也是随着乐队的即兴演奏进行示范。几十年过去了，乐队的王文汉老师（唢呐）、李万坤老师（笙）、甄荣光老师（打击乐）等现场演奏、我们即兴表演的情景仍然历历在目。通过这样的表演形式与教学模式，对我一生的成长与教学都产生了深远的影响。

　　多年来，民间舞系的学生们，曾经在龚小明老师、王延亭老师、以及其他乐队老师们手把手教授打击乐课程的教学过程中学习和成长。随着课程的建设与发展，刘艮老师开设了这门《中国多民族非遗传统舞蹈之节奏与应用》课程，其教学意义非常重大，学生们也是非常喜欢这门课程。从前，打击乐课的教学模式基本上倾向于口传身授，而刘艮老师将其提升到理论高度，教学模式从溯源、乐理、文化背景、跟舞蹈的关系和具体的应用等方面来展现，有了理论的支撑，使得这门课程的教学模式向着科学教学迈进。

　　我所讲的这个"意义重大"，是一个懂舞蹈的音乐人所写出的这样一本理论结合实践的书，也是我非常期望和期盼的一件事，这将是北京舞蹈学院多年舞蹈教学当中的一个翻天覆地的变化。曾经由北京舞蹈学院、服装学院、戏曲学院等学校，共同建立了一个创新的交流平台，我被派往到一所音乐学院进行舞蹈课的教授。我的初心是很想在音乐人里能够培养出一些舞蹈的爱好者，或者舞蹈的投入者，甚至能够产生类似像俄罗斯的"柴可夫斯基"这样的音乐人，写出这样深入和深刻的舞蹈音乐作品来，是我所期盼的。我在开始上课前，对同学们进行提问："为什么来上这门舞蹈课？"而绝大多数同学的回答是因为他们想减肥才来上这门课，让我有些心寒，但转念一想这也是一时而已。而现今，像刘艮老师这样有作为的音乐人，能够来到舞蹈学院进行舞蹈的音乐教育事业，可喜可贺。

  北京舞蹈学院有着非常优秀的传统，就是课堂教学中要加入乐队的现场演奏。从音乐学院里选拔高学历人才，以及招聘演奏家级别的音乐人加入北京舞蹈学院，并深入到中国民族民间舞教学的过程中，使民间舞教学、创作、表演有了质的变化，从感性到理性，再到二者融为一体的这种进步是显而易见的。在第十届华北五省的比赛中，由刘艮老师参加音乐设计的北京舞蹈学院参赛作品《雨形》，就看得出来是舞蹈编导和音乐人非常融合的一个作品。像这样的人才培养和作品，在以往的舞蹈教学与创作中是不常见的，甚至能达到这么高的水平呈现，非常令人欣喜！

  我非常赞赏刘艮老师的做法，她在本书的编写过程中进行了大量深入的研究与探索，体现了她的学识与学养，以及她对教学的敬业精神，忠于教书育人的高尚品质，使我对中国民族民间舞蹈的未来发展充满了希望。舞蹈人需要懂音乐，换言之音乐人需要对舞蹈有深入的理解。如果舞蹈要有更大的进步与发展，形成舞蹈文化体系，那么就需要更多像刘艮这样的老师，自身拥有较高的音乐知识储备和高超的演奏水平，同时对教书育人有着无条件的敬业精神，更重要的是做到"懂舞蹈的音乐人"，这对舞蹈的发展与传承有着深远的影响与作用，我想这本书的意义就在于此了，谢谢！

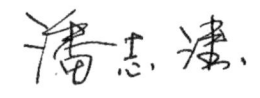

潘志涛

刘　艮

北京舞蹈学院中国民族民间舞系乐队教师，中央音乐学院扬琴硕士研究生，中国艺术研究院访问学者，中国民族管弦乐学会扬琴专业委员会副秘书长、理事，打击乐学会会员，指挥学会会员，世界扬琴学会会员，中国舞蹈家协会会员，辽宁省辽阳市文化名人。扬琴师从于刘寒力教授、黄河教授，打击乐师从于吕青山教授。

曾任职于济南军区前卫民族乐团、山东省歌舞剧院民族乐团、中国歌剧舞剧院民族乐团、北京市东城区崇文少年宫、新加坡上音音乐学院、新加坡狮城华乐团，担任扬琴、打击乐演奏员及教师，2016年任职于北京舞蹈学院。

编写了《新加坡上音音乐学院打击乐考级教程》，与导师黄河教授共同编写了《扬琴必学教程》《文化部文化行业考试专用教材——扬琴教材》《扬琴演艺知识500问》《扬琴经典作品及解析》。出版的《华乐大典——扬琴卷》担任秘书组成员。

1995年国际中国器乐独奏大赛获优秀奖；2002年文化部主办的中国青少年艺术大赛第一届民族器乐独奏比赛中，创作、演奏的扬琴独奏曲《步宫廷》获文化部颁发的新作品奖；上海音乐出版社出版的《20世纪中华国乐人物志》将名字收录其中；出版发行了《卡门主题幻想曲——刘艮扬琴独奏音乐会》DVD光盘；录制了"中国首张民乐大师纯独奏发烧天碟"——《扬琴专辑》。

担任作曲并现场打击乐演奏的舞蹈《醉忆生声》，在北京舞蹈学院2017舞蹈艺术"学院奖"、第十五届北京舞蹈大赛中均获得一等奖；2019年出版的《北京舞蹈学院民乐队口述史》担任编委；论文《舞蹈教学中节奏训练课探索》发表于2021年北京舞蹈学院学报；论文《舞蹈教学中节奏训练课探索——以"中国多民族非遗舞蹈之节奏与应用"课程为例》入选BDA舞蹈论坛（2022）论文集。参与现场打击乐演奏的舞蹈《雨形》在2022年第十届华北五省（区）市舞蹈大赛中获一等奖、第十三届中国舞蹈"荷花奖"民族民间舞获奖提名。

图1 《中国多民族非遗传统舞蹈之节奏与应用》课堂教学（节奏知识讲解）

图2、图3 《中国多民族非遗传统舞蹈之节奏与应用》课堂教学（京西太平鼓）

图4 《中国多民族非遗传统舞蹈之节奏与应用》课堂教学（鲁日格勒）

图5 舞蹈《醉忆生声》剧照

图6 舞蹈《雨形》剧照

图7　洪泽湖渔鼓采风

图8　太子务武吵子采风

图9 昌黎地秧歌采风

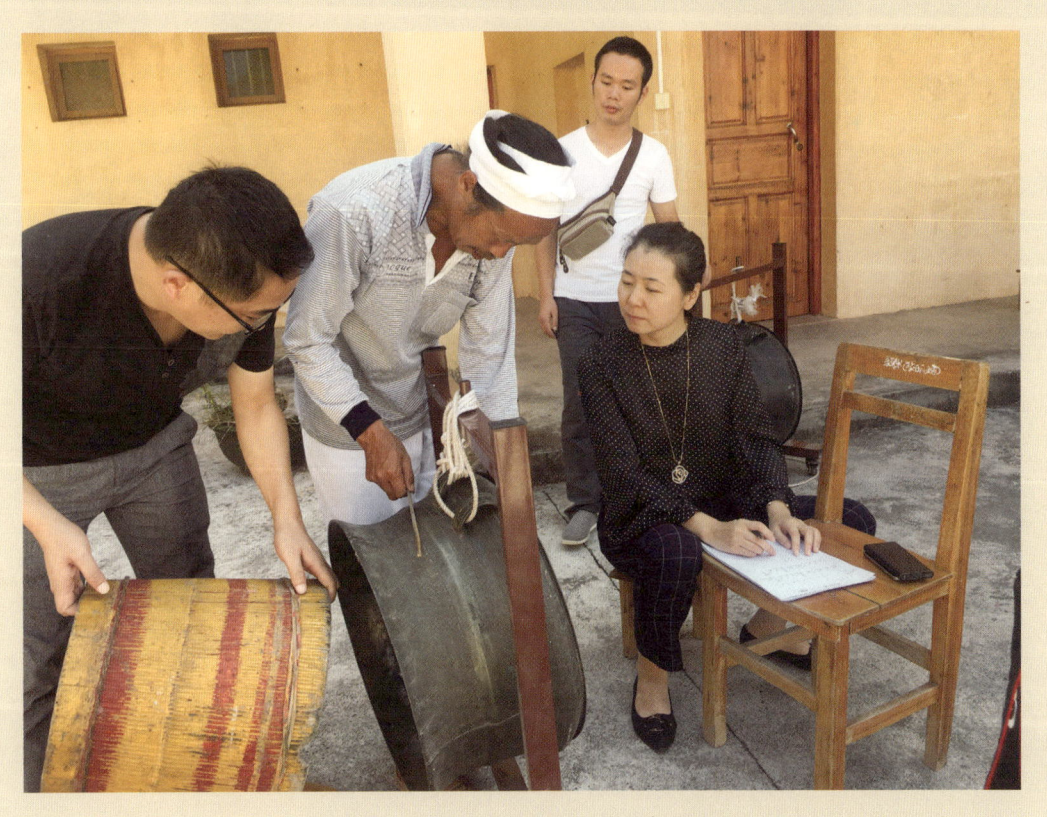

图10 铜鼓舞（南丹勤泽格拉）采风

感谢采风过程中接受采访、给与支持的传承人、专家和领导：

安徽花鼓灯省级非遗传承人	朱同陆
昌黎地秧歌省级非遗传承人	侯海波
河北秦皇岛市昌黎文化馆馆长	李　静
洪泽湖渔鼓省级非遗传承人	王玉高
洪泽湖渔鼓市级非遗传承人、半城镇文化中心主任	张仁高
山东东平县端鼓腔非物质文化遗产协会会员	张贵国
昌平花钹大鼓国家级非遗传承人	高如常
京西太平鼓国家级非遗传承人	高洪伟
太子务武吵子国家级非遗传承人	赵建军
北京大兴文化馆非遗部	赵玉良
鲁日格勒自治区级非遗传承人	敖登挂、金花、朱朝霞
内蒙古乌兰牧骑指导员（原莫力达瓦自治旗文化馆馆长）	宋福贵
内蒙古莫力达瓦自治旗文化馆馆长	陈秀春
黎族打柴舞省级非遗传承人	黄乐强
原云南迪庆奔子栏镇文化站站长	泽仁培楚
铜鼓舞（南丹勤泽格拉）国家级非遗传承人	黎芳才
广西南丹县非物质文化遗产保护传承中心	韦　浩

前　言

　　非物质文化遗产之传统舞蹈，是先人的智慧万古的沉淀，历史的见证后世的财富，文明的化身艺术的叠现，是传承中华各民族舞蹈艺术的纽带与桥梁。

　　节奏，是音乐的骨骼，舞蹈的精髓，是舞蹈与音乐之间贯穿的媒介，是舞蹈这门舞台艺术台前幕后的重要组成部分，正如德国艺术史家格罗塞所说："舞蹈的一个显著标志就是动作有节奏的程序，没有一种舞蹈是没有节奏的"。不同的节奏可以将舞蹈划分为不同的风格，又可以运用不同的速度将舞蹈带入不同情绪的表达中。

　　节奏感训练课的教学目的，在于针对舞蹈专业人才的培养教学中提升其节奏感审美的认知度，及其肢体语言与音乐节奏协调能力的提高，加强学生对舞蹈音乐感性与理性的综合分析能力。从而进一步对不同风格、不同舞种深入了解，促进学生将舞感、乐感有机融为一体，最终达到大美不言之境界。

　　在北京舞蹈学院的教学中，为重视对学生节奏感的培养，开设了节奏训练的相关课程。为更好的开设这门课，笔者通过深入民间采风、查阅大量资料、走访非遗传承人，对不同舞蹈节奏进行了研究挖掘整理，将非遗传统舞蹈知识与节奏训练相互融合，并在今后的工作中将更多非遗传统舞蹈持续性地编撰纳入到这套系列丛书中。

　　本书的特点有以下四个方面：

　　一、共选编了13个不同地区及不同民族的具有特色的非遗传统舞蹈，使学生介入非遗传统舞蹈领域的同时，掌握其历史文化背景、传统表演形式和原生态音乐节奏。

　　二、作者归纳总结了五种常规节奏的学习方法，选用了20首北京舞蹈学院中国民族民间舞系课堂教学中经典且具有民族特色的舞蹈音乐，并将旋律与节奏有机的分解、组合后，重新整理编配，形成多声部打击乐乐谱，课堂上学生们根据乐谱进行分声部练习后，配合书中的乐曲音频进行节奏互动训练。

　　三、在本书"节奏应用训练"中，采用诙谐幽默的方式展开音乐理论教学，使学生在活跃的课堂氛围中愉快而从容地掌握枯燥的乐理知识。

四、为方便不同音乐人不同看谱习惯，书中乐谱均为五线谱与简谱两种谱例同步呈现，从而方便读者。

为了提升舞蹈节奏训练课的趣味性、实用性和互动性，从而使学生爱上这门课，笔者将不断完善本系列丛书，并以寓教于乐的方式展开教学，力求达到舞蹈学生对节奏课程产生浓厚兴趣并为其所用，强化节奏认知，掌握不同民族舞蹈节奏的意识形态，最终潜移默化地贯穿到舞台表演、舞蹈创作及舞蹈教学中。

因水平所限，本书难免有疏漏和不足之处，敬请广大读者和同行批评指正。

目 录

一、节奏概述及相关音乐知识
（一）节奏……………………………………………………（1）
（二）节奏音符………………………………………………（2）
（三）常用节奏型……………………………………………（3）
（四）节拍……………………………………………………（4）
（五）常用节拍………………………………………………（5）
（六）速度……………………………………………………（6）
（七）舞蹈节奏………………………………………………（7）

汉 族 部 分

二、安徽花鼓灯
（一）历史文化背景…………………………………………（11）
（二）表演形式………………………………………………（16）
（三）音乐节奏特点…………………………………………（19）

三、东北秧歌
（一）历史文化背景…………………………………………（30）
（二）表演形式………………………………………………（32）
（三）音乐节奏特点…………………………………………（34）

四、昌黎地秧歌
（一）历史文化背景…………………………………………（44）
（二）表演形式………………………………………………（46）

（三）音乐节奏特点⋯⋯⋯⋯⋯⋯⋯⋯⋯⋯⋯⋯⋯⋯（ 48 ）

五、洪泽湖渔鼓

　　（一）历史文化背景⋯⋯⋯⋯⋯⋯⋯⋯⋯⋯⋯⋯⋯⋯（ 58 ）

　　（二）表演形式⋯⋯⋯⋯⋯⋯⋯⋯⋯⋯⋯⋯⋯⋯⋯⋯（ 59 ）

　　（三）音乐节奏特点⋯⋯⋯⋯⋯⋯⋯⋯⋯⋯⋯⋯⋯⋯（ 61 ）

六、花钹大鼓

　　（一）历史文化背景⋯⋯⋯⋯⋯⋯⋯⋯⋯⋯⋯⋯⋯⋯（ 69 ）

　　（二）表演形式⋯⋯⋯⋯⋯⋯⋯⋯⋯⋯⋯⋯⋯⋯⋯⋯（ 71 ）

　　（三）音乐节奏特点⋯⋯⋯⋯⋯⋯⋯⋯⋯⋯⋯⋯⋯⋯（ 71 ）

七、京西太平鼓

　　（一）历史文化背景⋯⋯⋯⋯⋯⋯⋯⋯⋯⋯⋯⋯⋯⋯（ 75 ）

　　（二）表演形式⋯⋯⋯⋯⋯⋯⋯⋯⋯⋯⋯⋯⋯⋯⋯⋯（ 76 ）

　　（三）音乐节奏特点⋯⋯⋯⋯⋯⋯⋯⋯⋯⋯⋯⋯⋯⋯（ 78 ）

八、太子务武吵子

　　（一）历史文化背景⋯⋯⋯⋯⋯⋯⋯⋯⋯⋯⋯⋯⋯⋯（ 84 ）

　　（二）表演形式⋯⋯⋯⋯⋯⋯⋯⋯⋯⋯⋯⋯⋯⋯⋯⋯（ 85 ）

　　（三）音乐节奏特点⋯⋯⋯⋯⋯⋯⋯⋯⋯⋯⋯⋯⋯⋯（ 87 ）

少数民族部分

九、达斡尔族鲁日格勒舞

　　（一）历史文化背景⋯⋯⋯⋯⋯⋯⋯⋯⋯⋯⋯⋯⋯⋯（105）

　　（二）表演形式⋯⋯⋯⋯⋯⋯⋯⋯⋯⋯⋯⋯⋯⋯⋯⋯（106）

　　（三）音乐节奏特点⋯⋯⋯⋯⋯⋯⋯⋯⋯⋯⋯⋯⋯⋯（109）

十、黎族打柴舞

　　（一）历史文化背景⋯⋯⋯⋯⋯⋯⋯⋯⋯⋯⋯⋯⋯⋯（115）

　　（二）表演形式⋯⋯⋯⋯⋯⋯⋯⋯⋯⋯⋯⋯⋯⋯⋯⋯（116）

　　（三）音乐节奏特点⋯⋯⋯⋯⋯⋯⋯⋯⋯⋯⋯⋯⋯⋯（119）

十一、藏族迪庆德钦奔子栏锅庄

（一）历史文化背景 ……………………………………（121）

（二）表演形式 …………………………………………（123）

（三）音乐节奏特点 ……………………………………（125）

十二、维吾尔族赛乃姆

（一）历史文化背景 ……………………………………（135）

（二）表演形式 …………………………………………（138）

（三）音乐节奏特点 ……………………………………（139）

十三、朝鲜族长鼓舞

（一）历史文化背景 ……………………………………（147）

（二）表演形式 …………………………………………（148）

（三）音乐节奏特点 ……………………………………（150）

十四、瑶族铜鼓舞（南丹勤泽格拉）

（一）历史文化背景 ……………………………………（169）

（二）表演形式 …………………………………………（172）

（三）音乐节奏特点 ……………………………………（174）

十五、节奏应用训练

（一）节奏学习的五种方法 ……………………………（181）

（二）节奏应用训练实例 ………………………………（183）

    全音符节奏练习《弦子舞曲》…………………………（184）

    二分音符节奏练习（一）《翻身农奴把歌唱》………（186）

    二分音符节奏练习（二）《愿亲人早日养好伤》……（188）

    四分音符节奏练习《嘎达梅林》………………………（191）

    八分音符节奏练习（一）《恰地官保》………………（193）

    八分音符节奏练习（二）《青年参军》………………（195）

    十六分音符节奏练习《古来亚木》……………………（197）

    前八后十六节奏练习（一）《草原巡逻兵》…………（198）

    前八后十六节奏练习（二）《挤奶员舞曲》…………（200）

    前十六后八节奏练习（一）《茉莉花》………………（202）

前十六后八节奏练习（二）《哈拉哈》……………（203）

附点节奏练习（一）《东北小曲》………………（205）

附点节奏练习（二）《句句双》…………………（206）

切分音节奏练习《白翠花》………………………（208）

四二、四三拍节奏练习《青稞丰收》……………（210）

四四拍节奏练习《八景歌》………………………（213）

慢速节奏练习《谁不说俺家乡好》………………（215）

中速节奏练习（一）《春到茶山》………………（217）

中速节奏练习（二）《荷花舞》…………………（220）

小快板节奏练习《松则亚拉》……………………（223）

综合节奏练习 ……………………………………（227）

（三）相关乐理知识……………………………………（233）

一、节奏概述及相关音乐知识

（一）节奏

节奏：古时指法制的具体规定，后来作为音乐术语，指音响运动中，有规律的交替出现的长短、强弱现象。[①]俄国戏剧大师斯坦尼斯拉夫斯基说："哪里有生活，哪里就有动作，哪里有动作，哪里就有速度，哪里有速度，哪里就有节奏。"[②]节奏是音乐的重要表现手段，是音乐构成的基本要素之一。音乐可以没有旋律，但不能没有节奏。

节奏无处不在，节奏是人类社会对有规律的律动关系形成规则的统称，存在于各个自然领域中。如时空运转、万物生长、交通、语言、绘画艺术等，在各类舞台艺术中更是必不可少的现象。在综合艺术范畴内，节奏是灵魂，无论是静止的、动态的、有声的、无声的、单一的、上千人的统一行为都要依赖于节奏这一元素，统一的节奏规则是产生高度统一的必要手段，使得包罗万象的综合艺术达到准确配合，以高水准的艺术行为，形成有品质的艺术作品。可以说，舞蹈表演的质量需要依赖于完美的节奏把握。正如戏曲艺术中，司鼓以板眼调遣三军，规范全场所有的演职人员，犹如舞台文武场的总指挥，用手中的两只鼓槌调动着舞台上王侯将相、生旦净末丑的表演节奏及快慢与动静，掌握着整个剧情发展的进度与激情点，时而高潮迭起，时而意境无限，拿捏得游刃有余。

当然，对节奏的把握并非一成不变，它要根据现场角色的情绪转化而变化。从西方歌剧到中国的京剧，从交响乐到舞剧均是如此，艺术家们在遵循节奏模式及其自然规律的基础上，根据当时剧场的艺术氛围常常会调整速度，让艺术家和观众的情绪推

[①] 中国文学语言研究会，郑颐寿、诸定耕主编：《中国文学语言艺术大辞典》，重庆出版社1993版，第298页。

[②] 〔苏〕弗烈齐阿诺娃编、李珍译：《斯坦尼斯拉夫斯基体系精华》，中国电影出版社1990版，第313页。

向高潮，使表演达到理想的艺术效果，这也是艺术的最高境界之一。所以在高水准的舞剧、音乐剧演出中，多采用乐队现场演奏，而不是播放录音。

（二）节奏音符

节奏音符：指用来记录不同长短音时值的节奏符号。此处介绍了舞蹈节奏训练中常用的四分音符、二分音符、全音符、八分音符、十六分音符。认识每种音符的同时，了解这种时值音符在舞蹈鼓点节奏中是如何应用的。"X"代表节奏谱，"♩"代表五线谱，"5"代表简谱。

1 四分音符

X　　　♩　　　5

例1：汉族安徽花鼓灯鼓点

X X | X X | X X X | X 0 ‖

2 二分音符

X —　　　♩　　　5 —

例2：傣族蹬跳点

X X | X X | X — | X 0 ‖

3 全音符

X — — —　　　o　　　5 — — —

例3

弦 子 舞 曲

藏族民歌

1=C 4/4 3. 53 6̇1̇3̇ | 6̇ 5̇6̇ | 3 — — — | 2. 3̇5̇ 6̇ 3̇ 2̇3̇1̇ 6̇1̇ | 2̇ — — — ‖

4 八分音符

$$\underline{X} \quad ♪ \quad \underline{5}$$

例4：达斡尔族鲁日格勒呼号

| 扎 嘿 扎 | 扎 嘿 扎 | 扎 嘿 扎 嘿 | 扎 嘿 扎 ‖

5 十六分音符

$$\underline{\underline{X}} \quad ♪ \quad \underline{\underline{5}}$$

例5：洪泽湖渔鼓鼓点

XXXX XXXX XXXX X | X XX X X XXXX X X |

X XX XXX XXXX X XX | XXXX X X XXX X ‖

（三）常用节奏型

节奏型：指在音乐中具有典型意义的节奏。不同的节奏型有不同的音乐律动形态，而这些节奏动态会形成其特色和韵律，是构成表现舞蹈艺术风格的要素之一。因此，本书在每个节奏型介绍之后都附上了不同民族和舞蹈风格特点相符的节奏谱，并以锣鼓字谱的记谱方式表述。

常用的节奏型有五种：

1 前八后十六节奏

$$X \quad XX$$

例6：山东鼓子秧歌鼓点

| 龙 冬冬 一冬冬 | 匡 来 台 | 龙 冬冬 一冬冬 | 匡 0 ‖

例7：山东海阳秧歌鼓点

| 冬 次次 冬 次次 | 冬次 一次 仓 ‖

一、节奏概述及相关音乐知识 ▶ 3

2 前十六后八节奏

$$\underline{X X} X$$

例8：傣族孔雀舞鼓点

| 崩八崩　崩八崩 | 崩八崩　崩八崩 ‖

3 附点节奏

$$X. X$$

例9：安徽花鼓灯鼓点

| 匡. 个 令 丁 | 匡. 个 令 丁 ‖

4 切分音节奏

$$X \underline{X} X$$

例10：维吾尔族赛乃姆鼓点

| 咚嗒　嗒 咚　嗒 | 咚嗒　嗒 咚　嗒 ‖

5 后附点节奏

$$X X.$$

例11：山东鼓子秧歌鼓点

| 龙冬. 匡 | 龙冬. 匡 ‖

（四）节拍

节拍：各种节奏型结构组合的计量单位，具有节奏律动的数值概念。当节拍作为一种计量单位时，对心脏跳动的声音、秒针的声音、节拍器的声音得出准确的律动判断，换算成节奏型的形态用于行为之中。应该说节拍是节奏形成的基本单位，作用于普遍的社会行为及生活中，舞蹈艺术的完成更是不可缺少。例如，在舞蹈训练中，无论是用哪一种音乐做背景，编导与舞蹈演员总是以某个计数单位的节拍作为舞蹈舞步的衡量标准，有了这样一个标准，现场无论有几十个即便是上百位舞蹈演员也会整齐划一、步调一致。

表达节拍状态的各种节奏是打击乐器的专长，是强调节拍与节奏重音的标志性乐器。它的演奏效果是节拍特点表达最直接的形式之一，也是在特殊乐章、特殊意境需要下表达只有节奏而没有旋律的音乐时的主要手段。实践证明，打击乐演奏同样可以表达丰富的思想情感，表达出有深刻内涵的音乐意境。在舞蹈作品中，这种强调节奏魅力的作品极为常见。因此，在笔者的节奏课程中经常以新疆维吾尔族的 $\frac{3}{8}$ 拍、$\frac{5}{8}$ 拍、$\frac{7}{8}$ 拍等，朝鲜族的 $\frac{3}{4}$ 拍、$\frac{6}{8}$ 拍、$\frac{9}{8}$ 拍、$\frac{12}{8}$ 拍等为例，逐步拓展到对其它民族的音乐节拍特点进行教学。使每一位舞蹈专业学生更深入地了解学习并多方位的掌握应用各种形态的节奏律动与节拍变化，为加深对舞蹈的理解和日后编创舞蹈时创作思考提供帮助。

（五）常用节拍

舞蹈节奏训练教学课程中常用的节拍有 $\frac{2}{4}$ 拍、$\frac{3}{4}$ 拍、$\frac{4}{4}$ 拍、$\frac{3}{8}$ 拍、$\frac{6}{8}$ 拍、$\frac{12}{8}$ 拍等。

1 四二拍 $\frac{2}{4}$

以四分音符为一拍，每小节有两拍。强弱特点是：强　弱

例12：维吾尔族赛乃姆鼓点

X | | X | | X | | X | ‖　（"X"代表击鼓面 "|"代表击鼓边）

2 四三拍 $\frac{3}{4}$

以四分音符为一拍，每小节有三拍。强弱特点是：强　弱　弱

例13：云南花灯反崴音乐《八街调》

八 街 调

昆明花灯调

3 四四拍 $\frac{4}{4}$

以四分音符为一拍，每小节有四拍。强弱特点是：强　弱　次强　弱

例14：维吾尔族赛乃姆鼓点

$$\underline{X\ ||\ 0X}|\ \underline{X\ X}\ \underline{|\ ||}\ |\ \underline{X\ ||\ 0X}|\ \underline{X\ X}\ |\ 0\ ||$$

4 八三拍 $\frac{3}{8}$

以八分音符为一拍，每小节有三拍。强弱特点是：强　弱　弱

例15：维吾尔族鼓点

$$\underline{X\ 0}\ |\ \underline{X\ |\ |}\ ||$$

5 八六拍 $\frac{6}{8}$

以八分音符为一拍，每小节有六拍。强弱特点是：强　弱　弱　次强　弱　弱

例16：维吾尔族奇克提麦鼓点

$$|\ \underline{X\ 0X}\ |\ \underline{X\ 0X}\ ||\ \underline{X\ 0X}\ |\ \underline{X\ 0}\ ||$$

6 八十二拍 $\frac{12}{8}$

以八分音符为一拍，每小节有十二拍。此节奏多为朝鲜族鼓点，朝鲜族鼓点的节拍重音与我们之前说的强弱规律在概念上有明显的区别，其强弱关系不是强弱，而是长短，重音的位置根据不同的鼓点分布在不同的拍子上。

例17：朝鲜族古格里长短

右手　X　　X0X0X　　X0X0 ||
左手　X.　　X0X　X.　　X　0 ||

（六）速度

速度是指节拍的速率。根据乐曲的内容、风格而决定的速度，大致可以分为慢速、中速和快速三类。慢速每分钟约46-63拍，中速每分钟约72-116拍，快速每分钟约132-208拍。

1 慢速：表现哀怨、倾诉、柔美、回忆等。

如蒙古族胸背音乐《沙漠的春天》、山东胶州秧歌音乐《愿亲人早日养好伤》等。

2 中速：表现抒情、优雅、舒展、向往等。

如云南花灯正崴音乐《春到茶山》、新疆维吾尔族动律音乐《达坂城的姑娘》等。

3 **快速**：表现激动、兴奋、欢乐、活泼的情绪。

如藏族民间舞蹈音乐《松则亚拉》、东北秧歌音乐《小柳叶锦》等。

（七）舞蹈节奏

在中国古代社会的舞蹈通常是与诗歌、音乐结合的一种综合艺术形式，其中节奏是将这三种艺术形式串联为一体的重要因素。早在远古时期节奏就与舞蹈有了结合。《尚书·舜典》载："夔曰：'於！予击石拊石，百兽率舞。'"[①]据孔安国传和孔颖达疏均解释为：拊击石磬，音乐谐和，感通百兽相率而舞，音乐达到了神人相和的境界。节奏是人类智慧的结晶，是组成中华各民族不同地域艺术风格乃至全世界不同音乐和舞蹈风格的重要手段之一。

德国艺术史家格罗塞说："节奏是舞蹈最为重要的性质。……如果说人的动作都会自然而然地合乎节拍，这未免有点儿夸张。但人们大部分的动作，尤其是运动类的动作，都有一种自然的节奏。正如斯宾塞所观察到的，人的每一种强烈的情感，都能通过身体有节奏的动作表现出来。革尼还补充说，每一个洋溢着情感的动作都是合乎节律的"。[②]节奏之于个体，是人的性格，节奏之于艺术，是作品的风格。节奏与舞蹈组合，是完美的结合，音乐节奏是人类智慧的结晶，它集古今中外、遍布世界各地、覆盖全人类各民族，有着成千上万、不计其数的系列体系，每一种节奏都体现地域性的艺术特色，当节奏有机地结合到舞蹈动作之中，使舞蹈充满生命的活力。

[①] 江灏、钱宗武译注：《今古文尚书全译》，贵州人民出版社1990版，第33页。
[②]〔德〕格罗塞，谢广辉、王成芳编译：《艺术的起源》，北京出版社2012版，第121页。

汉族部分

二、安徽花鼓灯

（一）历史文化背景

花鼓灯是汉民族中集舞蹈、灯歌和锣鼓音乐、情节性的双（三）人舞和情绪性集体舞完美结合于一体的民间舞种。起源于安徽境内的淮河两岸，分布在沿淮一带。关于花鼓灯的起源时间，唯一可查的文史资料是《凤台县志》记载"花鼓灯历史悠久，宋代就流传在淮河流域的凤台、怀远一带"。安徽花鼓灯2006年被列入第一批国家级非物质文化遗产名录。

花鼓灯有唐末宋代的文化特点。宋代是中国民间歌舞艺术昌盛繁荣、高度发展的时期，宫廷文化衰落，散落到民间。民间艺术剧场化、职业化，出现了勾栏瓦舍，在整个民族民间音乐舞蹈史上占有重要的地位。从宋代各种民间技艺中，有一种载歌载舞的民间艺术被称为"合生。"可以发现"合生"与花鼓灯有着密切的联系，可视为如今花鼓灯的雏形。"合生"，又名"合笙"，最早见于唐中宗时代。它"始自王公，稍及闾巷、妖伎胡人、街童市子，或言妃主情貌，或列王公名质，咏歌蹈舞，号曰合生"（《新唐书·武平一传》）。"合生"开始只在宫廷内部演出，表演者一至二人，载歌载舞，即兴演唱一些祈祝奉承、歌功颂德的内容，歌词通俗，以逗乐为目的。"安史之乱"以后，"合生"流入民间，至宋代广为流传，官邸、酒楼、茶社、瓦肆均有演出。"合生"的表演，可以根据不同的场合、环境、对象，由观众随意点出题目，表演者随机应变，即兴演唱。这与今天花鼓灯中的"踩街"、"谢场子"、"打门灯"等表演形式基本相似。[①]特别是演员即兴创作唱词，在汉族的民间歌舞中，目前只有花鼓灯还保留着这一特点。有人认为，花鼓灯的传统表演形式"小花场"即从"合生"的舞蹈部分演变而来；对唱或即兴唱即从"合生"的歌唱部分演变而来。这说明宋代的"合生"，

---

① 谢克林：《中国花鼓灯艺术》，安徽人民出版社1990版，第17页。

已初步形成了花鼓灯的雏形，或者已有近似花鼓灯简单的表演形式了。

关于花鼓灯的起源，在沿淮一带流传着几种传说：

1 早年大禹治水前，娶涂山氏国（安徽怀远曾是夏朝的涂山氏国）国王的女儿女娇为妻，从此一别十三年。这期间他数次经过家门而不入。他的妻子带着儿子启站在山坡上，日夜盼望丈夫归来。由于她望夫心切，精诚所至，化成了一块巨石，后人称之为"望夫石"或"启母石"。为了纪念大禹夫妇，后来人们就在山上盖了禹王庙，每年农历三月二十八日都赶禹王庙会。人们打起锣鼓，跳起舞蹈，"据说从此就有了花鼓灯"，花鼓灯起源于夏代。至今，每年农历三月二十八，怀远县各路灯班，云集涂山，彻夜歌舞感恩大禹。这一传统盛会也成了怀远花鼓灯班的表演大会。

2 薛刚反唐准备造反时，因不能公开操兵，借用玩灯这种形式演阵，操练拳术、武艺，花鼓灯是唐朝兴起来的。

3 明朝朱洪武（朱元璋），初时落难凤阳一带，有一天看玩花鼓灯，其中一个武功最好的"小鼓架子"叫常玉春，朱洪武慕其武艺与他结识。此人后来成为朱洪武的开国大将，封为"开平王"，其坟墓所在之地名为"常家坟"（今怀远县常坟公社，此地常姓居多），此处至今仍是花鼓灯盛行之地。有首花鼓歌唱到：人人都说玩灯孬，我把玩灯表一表。永乐皇帝当灯头，文武百官把锣敲，三宫六院把头包。小朝庭挎鼓可算孬？永乐为明太祖第四子明成祖朱棣的年号。传说他曾在宫中玩过花鼓灯，后人才编下这首歌。[①]

花鼓灯的女角称为"兰花"，过去都是由男扮女装，饰演兰花。男演员要穿上"衬子"（用前低后高脚形木板钉在做好的假小脚与绣鞋上，十分类似传统京剧旦角足下踩的"跷"。演出时，演员双脚掌各踩一块"衬子"，用白布牢牢地绑在小腿上，外套绣花鞋，着大彩裤遮住真脚，只露出假脚与绣鞋，从而模仿封建时代缠足妇女行走时的姿态和动作。）这种特制的舞蹈鞋表演兰花的舞蹈，由于鞋小，脚的大部分踩在鞋后面伸出的木板上，俗称"踩衬子"、或"挂垫子"。如果摒弃它封建陋习的因素，穿上这种鞋跳舞有相当大的难度。舞蹈时只能用前脚掌蹬地，与西方芭蕾舞有异曲同工之妙。直到1953年，中央新影拍摄的电影《花鼓灯》时开始有女性参加演出，并且不踩衬子，开创了男女同台表演的先例。1953年安徽花鼓灯到北京怀仁堂演出，花鼓灯被周总理称为"东方芭蕾"。

[①] 高倩编著：《安徽花鼓灯》，人民音乐出版社1985版，第35页。

图1　衬子　　　　　　　　　　　　　　图2

花鼓灯包含四百多个语汇、五十多种基本步伐，舞蹈动作超常度高，时间差大，瞬间舞姿复杂多变，这些构成了花鼓灯丰富系统的舞蹈语言体系，使花鼓灯成为用肢体语言表达复杂情节的优秀民间舞蹈形式之一。花鼓灯在淮河流域流传甚广，几乎村村都有锣鼓或灯班子，每逢盛大节日或庙会，往往有几十个班子在一块玩灯，很自然地就形成了"竞演"。这种竞演在民间称之为"抵灯"。花鼓灯的老艺人大部分集中在一个村庄、一个方位，一般情况下，人们就把这个地方叫"灯窝子"。

花鼓灯由于流传地区的不同以及民间艺人各自性格特点的不同，在表演风格和艺术表现手法上各具特色，有着各自的个性特征，自然形成不同的风格流派。比较突出的，影响较大的有三个流派。

1 怀远地区

怀远地区有冯国佩、常春利、郑九如、石经礼、杨再先等一批花鼓灯名家，还产生了《游春》《抢扇子》等一批有影响的节目，形成了"千班锣鼓百班灯"的鼎盛局面。

冯国佩（小金莲），因其"衬子"踩得好，故得艺名"小金莲"。他表演的"兰花"优美端庄、雍容华贵，有点相当于京剧当中梅派风格。他的"野鸡溜"犹如山鸡飞驰而过，"老鹰磨云"好似雄鹰展翅回旋于蓝天之中。他独创的"斜塔"很富有表现力，恰似含羞的少女欲言又止，细腻地体现了姑娘初见情人时的既热情而又羞于表露的心情。他还创造了花鼓灯的"砍转"。

常春利（老蛤蟆），因其打鼓表演时总爱瞪眼、鼓肚，一蹦一跳，故得艺名"老蛤蟆"。他练鼓的方法令人难以想象，随处折两根树棍作为鼓槌，在自己的肚皮上敲打练习。他的演奏技艺娴熟，技法节奏变化多端，富于创造性、即兴性；具有生动形象的内容和意境，富于表现力；反应快，节奏准确，与演员配合默契；演奏中充满激情、有特殊的手势和步法，表演性强。他创作演奏的花鼓灯《蛤蟆跳井》用花鼓灯锣鼓来表现农村生活中一种熟悉的自然景观。在他生活的家前屋后，村头路边，大河湾里，到处都有土井（农村把稍深一点的积水土坑称为土井）。入夏以后，土井边多为蛤蟆（青蛙）栖居之地。特别是在雨季，很多蛤蟆便会在土井边"咕哇咕哇"地高声"唱歌"，跳上跳下，嬉戏玩耍，构成一曲悦耳的田园新歌。常春利耳濡目染，闲时便操鼓模仿，久而久之，终于和自己的一班人打出了《蛤蟆跳井》。安徽电影制片厂专门将其拍成电影。民间有"听了老蛤蟆的鼓，快活一晌午"之说。艺人的赞语是："老蛤蟆打鼓当当叫，不是好手莫下场子跳。"（好手：指技艺高超的花鼓灯舞蹈艺人。）

郑九如（小白鞋），因为母亲去世戴孝，玩灯时别人不知道他的名字，只知道有个穿白鞋的"兰花"跳得好，故得艺名"小白鞋"。他的舞蹈动作干净利落、洒脱大方、飘逸流畅、姿态优美、节奏感强，给人以又"脆"又"俏"的感觉。不仅跳得好、唱的好，还能打得一手好鼓。

石经礼（石猴子），他表演鼓架子同"兰花"逗趣时，调皮活泼、惹人喜爱，滑稽的动作模样酷似顽皮的猴子，故得艺名"石猴子"。他的表演情感真挚，活泼热情，喜怒哀乐皆出于真心。独具特色的代表动作是"野鸡式"，刚中有柔，神形兼备。

杨在先（小红鞋），他表演的兰花以泼辣、奔放著称，有一次到老西门玩花鼓灯，穿的是红鞋，有人就讲那个红鞋走得好，他每次表演都脚穿红鞋，故得艺名"小红鞋"。

"小金莲的舞，老蛤蟆的鼓，石猴子的架子，小白鞋簸箕步。"这四人的艺术被誉为怀远派花鼓灯的"四绝"。

怀远花鼓灯舞蹈主要特征：潇洒，飘逸，大方，舒展。

2 凤台地区

凤台地区有陈敬芝、田振起、宋廷香、万方启、李兆叶等一批花鼓灯名家。

陈敬芝（一条线），他表演的"兰花"舞姿优美，他舞起来身上的每块肌肉都能动，就像提线木偶一样，故得艺名"一条线"。他年青的时候，还有个艺名叫"小蜜蜂"，因为他唱的好，当时群众流传："听了小蜜蜂，无被管过冬，看了一条线，三天不吃饭，一条线一走，栽倒九十九，回头一看，起来一半。"他的表演轻盈灵动，有三个非常有特点的步法：颤颠步、颤抖步、云颤步。颤、颠、抖是他动作的一个特点。他的扇花也特别灵活，像彩蝶纷飞一样。1953年陈敬芝因为地主成分的出身问题未能去北京参加演出，成为他终身的遗憾。之后买衣穿衣只穿那套被称为"人民服"的蓝布服装，五十多年来不曾改变，他想证明自己是人民中的一员。

田振起（田小银子），因乳名"小银子"而得艺名"田小银子"。他的"兰花"表演独具特色，他的"起步"右脚先轻轻点地再迅速抬起，经过"后勾"向前迈出，轻巧而有力；他的"脚跟梗步"走动起来迅速，"抽扇"大方有力，"端扇"（俗称"搭凉棚"）轻柔、优美。

宋廷香（宋瞎子），小时候因眼疾无钱医治，左眼失明，故得艺名"宋瞎子"。他是玩"文伞"的，有时也扮演"小鼓架子"，擅长演后场小戏。花鼓歌唱的好，会很多民间小调，见景生情，即兴演唱。他参与创作的《抢板凳》很受群众欢迎。

万方启（万陋子），颍上、寿县、凤台一带将丑角幽默、滑稽的表演戏称为"出陋象"，因万方启这方面见长，故得艺名"万陋子"。在"小鼓架子"的行当中，万方启创造性地运用"五响抓空""二起腿抓空"等动作来表现花鼓灯男角的灵巧、敏捷。花鼓歌的演唱富有韵味，歌词风趣、诙谐、勾人心弦。他以演唱《请楼歌》《挎鼓调》等表现男女爱情生活的花鼓歌最为拿手。

李兆叶（猫春），因其嗓音高亢明亮，真假声结合得非常自然，唱调音域宽，旋律丰富多变，虚字衬词富有特点，并能够根据扮演的不同人物设计出多种性格化的唱腔，故得艺名"猫春"。他演唱的"猫春调"，每句前两小节大都在高音区活动，自成一派，独具特色。他表演的"兰花"优美敏捷，步法轻盈，姿态表情富于美感。

凤台花鼓灯舞蹈主要特征：细腻传情，动感十足，小巧玲珑。

3　颍上地区

颍上地区有唐佩金、王传仙等代表性的民间艺人。

唐佩金，淮河流域花鼓灯艺术的一代宗师。据颍上的老艺人讲，安徽花鼓灯起源于颍上。在颍上有一位老艺人叫唐佩金，清朝光绪十五年（1889年），少年时代的唐佩金进入了戏班，不仅学会了唱戏，还学会了器乐伴奏。唐佩金10岁就能自制胡琴，边放牛边练习技法。他带领一部分艺人在跳红灯的基础上，把他们改编成花鼓灯，当时影响面非常大，淮河流域的几个县都来向他学习。他创作了花鼓灯音乐经典曲牌《四句推子》。

王传仙（一条绳），表演的"兰花"以"抖、颤、颠"见美，犹如一条抖动的绳，故得艺名"一条绳"。舞姿优美，善于传情，动作细腻，特别是他的颤颠。天生一副好嗓子，声音高亮清脆，富有韵味，唱腔优美，被群众赞誉为"小蜜蜂"。

颍上花鼓灯的岔伞与众不同的是其小巧玲珑，上面有一个小楼。这个小楼不但有装饰作用，据老人讲，用一根蜡烛放到里面，过去因为没有电灯，在广场上演出的时候，它可以起到一种照明的作用。

颍上花鼓灯舞蹈主要特征：既有气壮山河、气贯长虹之势，又有温馨抒情。基本步伐叫蝻子步，碎碎的往前走。就像没长翅膀的小蝗虫在地上直拱，节奏缓慢，结构严谨。

图3　冯国佩雕像

（二）表演形式

花鼓灯的表演程序：开场表演、大场、转场、小场、盘鼓、后场。

1 开场表演，又可分为"上灯场"和"舞岔伞"等程序。上灯场的时候，为了打开场子招揽观众，先由"鼓架子"顶着"兰花"绕场起舞，或由"鼓架子""兰花"即兴编唱开场歌和笑话等，以营造渲染轻松活泼的现场气氛。

2 大场部分多为"武场"，一般没有花鼓灯歌的演唱。先由"伞把子"带领"鼓架子"和"兰花"上场为观众介绍表演者和节目内容，并指挥演员在场中表演各种舞姿队形和技巧的动作，如"五朵梅""蛇退壳""串篱笆""满天星"等。

3 转场，为花鼓灯表演中大场和小场之间的过渡和衔接部分。在这一部分里一般穿插有大量的灯歌演唱，统称为"转场歌"。此时，所有能唱的演员都乘机一展歌喉。想唱的举手示意，离开队伍走到台口，锣鼓煞住，即开始演唱。

4 小场，有"小花场""双花场"等不同节目，主要由二、三人表演的情节舞蹈。其中"小花场"有文场和武场之分，文场以唱为主，舞蹈为辅；武场反之，一般舞时不唱，唱时不舞。这里，"文场"多是鼓架子和兰花一替一首演唱的对歌形式。鼓架子唱一首，兰花唱一首，答不上就算输了，这其实是一种赛歌。花鼓灯"文场"里的《对花名》《小旱船》等节目都是用这种形式演唱的。

图4　安徽花鼓灯表演

5　盘鼓部分可分为地盘鼓、中盘鼓和上盘鼓。其中上盘鼓技艺性最强，近似杂技中的叠罗汉，有"两节杠"（鼓架子顶一层人）和"三节杠"之分。这部分多以舞蹈和技艺性动作为主，几乎没有花鼓灯歌的演唱。

6　后场，属小戏部分，唱腔多采用民间曲调，有《十杯酒》《打牙牌》《下河调》《八段景》《迷断桥》《闹五更》《叹五更》《玉美郎》《孟姜女》《照楼梢》《调兵》《道情》《十二月想郎》等数十种。

花鼓灯男角称"鼓架子"（或伞把子，古老的名称是"鼓上"），因分工不同，又分为"大鼓架子"：主要表演"上盘鼓"中的叠罗汉，俗称"底座"。"小鼓架子"：擅长表演翻跟头和演唱，担任"大花场""小花场"的舞蹈表演，是花鼓灯的主要力量。"鼓架子"的舞蹈动作特点概括为：架子（各种造型姿势的亮相）多、跟头技巧多。

"伞把子"：分为"文伞"和"武伞"，"文伞"又称"过街伞"，擅长于唱，在队伍行进时走在最前面，遇到群众要求表演时会唱几段表示吉庆的花鼓歌。"武伞"擅长舞蹈和翻跟头，表演"大花场"时以伞指挥并带领全场演员变化队形。

"丑鼓"：俗称"挎鼓的"，身背花鼓，擅长演唱花鼓歌，会简单的舞蹈，表演风趣诙谐。

女角称"兰花"（或腊花，古老的名称是"锣上"）：最早是由男扮女装完成，脚踩"衬子"，后来由女性参与表演，改穿布鞋了。"兰花"的舞蹈动作特点概括为："重心靠右后，走动腰晃扭，脚下梗住劲，传神靠眼瞅，急如风、停要陡，柔里刚、刚中柔，投足举手扣节奏、锣鼓点子跟脚走"。

"一台锣鼓半台戏","锣鼓一响,脚板发痒",这是花鼓灯之乡人们喜爱花鼓灯锣鼓的真实写照。"千班锣鼓百班灯","村村有锣鼓,乡乡有灯班",既是对花鼓灯流行区域内花鼓灯盛况的赞誉,又可从中看出花鼓灯锣鼓普及之广。

花鼓灯锣鼓鼓点类型繁复,手法变化多样,音色、音响丰盈锦簇、变幻无穷,在民间花鼓灯的各种大型锣鼓表演中,具有十分丰富的艺术表现力和浓郁的地方风格特色。

传统的花鼓灯锣鼓班子一般由8人组成,即花鼓1人,大锣1人,大钹1人,小钹1人,小镗4人(又叫脆锣、狗锣)。

花鼓灯锣鼓主要有"场面锣"和"灯面锣"两大类。

"场面锣"主要在踩街时运用,更多在玩灯开演前演奏,为招来观众一般都要先演奏打击乐。"场面锣"演奏的主要曲牌有《老十番》《小十番》《小五番》等。所谓"番子",即根据不同变化的鼓点划分的段落(如"十番"即十个不同的段落)。这种"场面锣"气势恢弘,热烈欢腾,能吸引广大观众闻鼓声雀跃而来。

"灯面锣"是为花鼓灯艺术中的舞蹈和灯歌进行伴奏的锣鼓。它有一套结构完整、布局合理、层次分明、激抒有致的"牌子",特别是能与舞者和歌者的思想、感情、肢体语言融为一体。在表演"上盘鼓""大花场"时,锣鼓气贯长虹、铿锵有力,有强烈的震撼力与感染力。在表演"中盘鼓"特别是"小花场"时,锣鼓则是动中有静、静中有动,轻巧、细腻、深切、传神。

乐队演奏时鼓居中,锣在鼓的右方,大钹在鼓的左方,其它乐器均在后面。

1 花鼓

花鼓,也叫"挂鼓",或"挎鼓",为花鼓灯班中的主奏乐器。它的形状与戏曲乐队使用的堂鼓较类似,只是鼓身略长一些,一般花鼓长约37厘米,鼓面直径约23厘米,鼓腔直径约28厘米。花鼓的两个鼓环装在两头鼓钉略后一点的同一直线上,两环上系红绸挎带。演奏时,一般习惯以右肩斜挎花鼓,鼓身横在左前方的腰间,左手在前鼓面上方,右手在前鼓面右下方,走、坐、站、退,甚至蹦跳时,均可自如演奏。

2 大锣

花鼓灯中所用的大锣,音量较大,音色低沉,为适应广场演出的需要,其直径一般在40-60厘米。由于大锣分量重,演奏者用一根S型弯树枝固定在左肩上。S型的下端固定在身后的腰带上,上端弯过肩头,前方约50厘米处装有弯钩用以固定大锣,弯上去的部分装饰成花枝。演奏时,左手扶锣带,右手持大锣槌。

图5　花鼓　　　　　　　　　　　图6　小镗

3　大钹

大钹直径一般约为32厘米，以中音偏低沉为宜。

4　小钹

小钹直径约为14-18厘米。在锣鼓乐队中，它主要是起锣鼓、大镲之间的衔接作用。

5　小镗

小镗，俗称"狗锣"，直径一般约为15厘米，镗面略微凸出，镗的直径约6厘米。小镗有高、中、低不同的各种音色。演奏时以左手食指和拇指轻捏锣边，右手持薄木片敲击镗心即发出"当当当"的音响。它是花鼓灯锣鼓的特色乐器，尤以高、中、低错落不等的不协和音响为佳。

6　鹤颈号

过去演出花鼓灯，在开场锣鼓前常吹奏起鹤颈号，声远数里，招来观众，它并不用于伴奏，现已不多用了。鹤颈号，也称铜号，它为分3节套成的80-100厘米的铜管，形似长唢呐，杆上无眼，上有铜制的哨嘴，下有喇叭口。

（三）音乐节奏特点

1　音乐特点

花鼓灯音乐包括花鼓灯锣鼓，花鼓灯灯歌。

由于节奏、技法、音量的变化，形成了花鼓灯锣鼓热烈、欢快、活泼、铿锵有力的艺术风格和特色。怀远、蚌埠一带鼓是领奏乐器，凤台、淮南一带锣是领奏乐器。领奏乐器的演奏者，不但要能熟练地演奏和灵活地运用各种锣鼓点，而且必须熟悉演员的动作规律和感情变化，随时配合演员的即兴表演，起到乐队指挥的作用。

1955年花鼓灯艺人常春利（老蛤蟆）被邀请到北京舞蹈学院传授花鼓灯锣鼓点。1956-1957年，北京舞蹈学院民乐队王文汉、王泽南等老师在学习锣鼓演奏和口诀谱的基础上，创制了安徽花鼓灯锣鼓谱"代字"记谱法。这种记谱法用一个字代替一个鼓点，方便记谱、利于记忆，一直应用在教学和实践中。

鼓头（头）：演员出场前的节奏，通常用于大场。

长锣（长）：起过渡连接作用，用于碎步、跑步、没有节奏规律的戏剧性动作等。

单喘气锣（止）、前喘气锣（亠）、前后喘气锣（广）、前后半喘气锣（庠）、双喘气锣（双）："喘气锣"是用在一个节奏语句的结束，通常用于亮相动作。据老艺人讲这种鼓点用于演员休息喘气，故而得名。

登步锣（氺）、反登步锣（反氺）：具有推动力，可用于大场中的"穿麻花"，渲染热烈而紧张的气氛。

连槌锣（连）、反连槌锣（反连）：通常用于鼓架子翻跟头、打腿等动作。

撞四（四）：可用于"兰花"的面前左右推翻扇或"鼓架子"的两手交替抓空等。

碎步锣（卒）：通常用于"兰花"的风柳步、上山步、双环步等，表现轻巧、含蓄的动作。

衬锣（一、二）：用于演员做各种步法的准备动作，也具有转折性的作用。

三点头（三）：节奏和衬锣相同，但必须固定为三个，专门伴奏"三点头"的动作。

摆扇子（罢）：可用于伴奏"伞头"的绕伞，"兰花"的前后抱身、小二姐梳头、扇花，"鼓架子"的颠三步等。

长流水（流）：一般用在大场中的跑场。

丁丁仓（丁）：可用于大场的扫腿等。

尾点（尾）：花鼓灯表演终场的锣鼓尾声。

花鼓灯灯歌又叫花鼓歌，源于淮河岸边的怀远、凤台、颍上等地。它是世代玩灯人在玩灯时，自娱自乐时所演唱的民歌小调。早期的灯歌，主要是由老艺人口传心授，曲调比较简单，也比较生活化、口语化。随着时代的不断发展，形成了今天花鼓灯艺术男角与女角演唱灯歌类别的划分。如男角主要由"鼓架子"（"文伞把子"和"丑鼓"等）演唱"挎鼓调""文伞调"等，女角由"兰花"演唱"兰花调""慢赶牛调""淮调""柳调""卫调"等。"鼓架子"调高亢激昂，热情奔放，有些接近念白和朗诵；"兰花"调柔和婉转，缓慢抒情，有民歌风。

"挎鼓调"是"鼓架子"中的"丑鼓"（又称"挎鼓的"）登场时演唱的曲调之一。"丑鼓"擅长于唱功，歌舞兼蓄。表演风趣幽默、插科打诨，是花鼓灯后场小戏中的重要角色之一。他能即兴编创、望风采柳、触景生情，对淮河岸边的风土人情随编随唱。在灯班子中，有时"丑鼓"与"文伞把子"由一人扮演。

"文伞调"，花鼓灯开场时，总是在一阵欢腾奔放的锣鼓之后，由"伞把子"舞伞引出众舞蹈演员。"伞把子"有"文伞""武伞"之分。"文伞把子"以唱为主，歌舞兼备，特别善于即兴创作、随编随唱，常与"兰花"对歌且对答如流。

"兰花调"是花鼓灯女主角"兰花"演唱的主要曲调之一。"兰花"又有"文兰花""武兰花"之分。"文兰花"能歌善舞、嗓音清脆、声情并茂、反应灵敏、随问随答、开口即唱，具有较强的编创才华。

花鼓歌一般多为五句一唱段，其次为四句或六句。但不论是几句为一唱段，共同的特点是在第三句以后都有一个锣鼓过门，然后再接唱。旋律中经常出现四度、五度、六度乃至七度的大跳。

2 节奏特点

花鼓灯锣鼓单一鼓点以 $\frac{2}{4}$ 拍为主，其中有两个 $\frac{3}{4}$ 拍节奏：连槌锣（连）、反连槌锣（反连），有三个 $\frac{4}{4}$ 拍节奏：双喘气锣（双）、摆扇子（罢）、长流水（流）。$\frac{1}{4}$ 拍的节奏很少。在场面锣鼓和灯面锣鼓的伴奏中都是变换节拍，$\frac{2}{4}$、$\frac{3}{4}$、$\frac{4}{4}$、$\frac{1}{4}$ 拍在同一首锣鼓段中会出现其中两种以上。

花鼓灯灯歌的节拍以 $\frac{2}{4}$ 拍为主，$\frac{2}{4}$、$\frac{3}{4}$、$\frac{4}{4}$ 拍变换节拍出现在同一首歌曲中较多，$\frac{3}{8}$ 拍与 $\frac{2}{4}$、$\frac{3}{4}$ 拍同时出现在一首歌曲中是极少见的，如九龙拐弯调的《画匠能来画匠刁》。

花鼓歌的第三句以后都有一个锣鼓点过门：

安徽花鼓灯常用节奏

1 鼓头（头）$\frac{2}{4}$

字谱	冬	尺 冬 尺 冬	尺 冬 冬	冬 古 儿 龙 冬	一 冬 冬	匡 匡 令
鼓	X	⊗ X ⊗ X	⊗ X X	X XXX X	0 X X	XXXX X
锣	0	0 0	0 0	0 0	0 0	X X 0
大钹	0	0 0	0 0	0 0	0 0	X X 0
小钹	0	0 0	0 0	0 0	0 0	X X
小镗	0	0 0	0 0	0 0	0 0	X X X

(⊗：击鼓梆）

2 长锣（长）（拍数不固定）

3 单喘气锣（止、单）$\frac{2}{4}$

4 前喘气锣（乊）$\frac{2}{4}$

5 前后喘气锣（广）$\frac{2}{4}$

6 前后半喘气锣（庠）$\frac{2}{4}$

二、安徽花鼓灯

7 登步锣（灭） 2/4

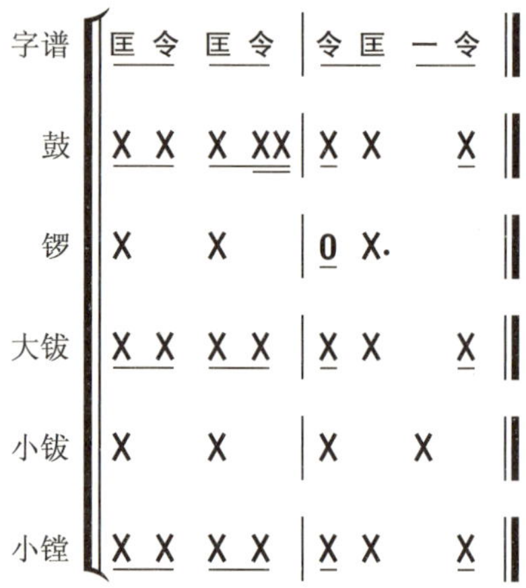

字谱	匡 令 匡 令 | 令 匡 一 令 ‖
鼓	X X X XX | X X　X ‖
锣	X　X　| 0　X. ‖
大钹	X X X X | X X　X ‖
小钹	X　X　| X　　‖
小镗	X X X X | X X　X ‖

8 反登步锣（反灭） 2/4

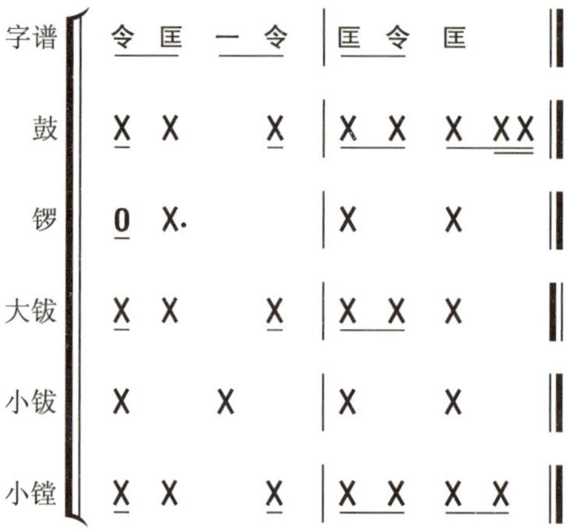

字谱	令 匡 一 令 | 匡 令 匡 ‖
鼓	X X　X | X X X XX ‖
锣	0 X.　| X　X　‖
大钹	X X　X | X X X ‖
小钹	X X　| X X　‖
小镗	X X　X | X X X X ‖

9 连槌锣（连） 3/4

字谱	令 匡 一 令 匡 ‖
鼓	X X　X X XX ‖
锣	0 X.　　X ‖
大钹	X X　X X ‖
小钹	X　X　‖
小镗	X X　X X X ‖

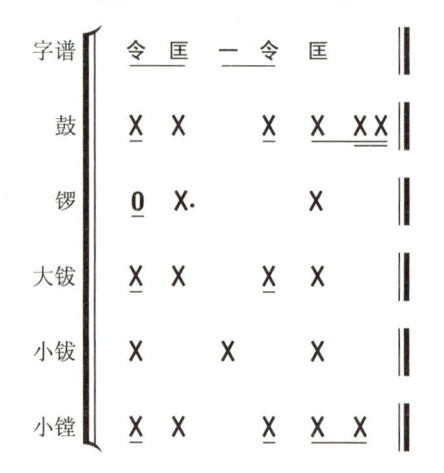

10 反连槌锣（反连） 3/4

字谱	匡 令 匡 一 令 ‖
鼓	X XX X　X ‖
锣	X　0 X.　‖
大钹	X X　X X ‖
小钹	X　X　‖
小镗	X X X X X ‖

11 撞四（四） 2/4

字谱	匡 匡 | 匡 匡 ‖
鼓	X X | X X ‖
锣	X X | X X ‖
大钹	X X | X X ‖
小钹	X X | X X ‖
小镗	X X | X X ‖

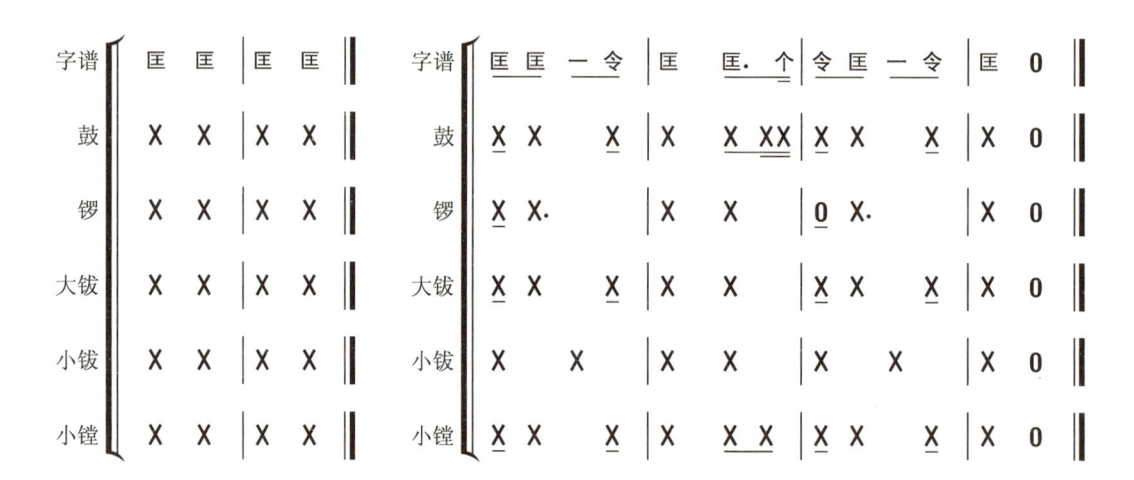

12 双喘气锣（双） 4/4

字谱	匡 匡 一 令 匡 | 匡. 个 令 匡 一 令 匡 0 ‖
鼓	X X　X | X X XX X X　X 0 ‖
锣	X X.　X | X　0 X.　X 0 ‖
大钹	X X　X | X X X　X 0 ‖
小钹	X　X　| X　X　X 0 ‖
小镗	X X　X | X X X X X　X 0 ‖

二、安徽花鼓灯

17 长流水（流） $\frac{4}{4}$

18 丁丁仓（丁） $\frac{2}{4}$

19 尾点（尾） $\frac{2}{4}$

小兰花，才十八

兰花调

钮洪云 演唱
石重群、周泽源、沈仁浪 记谱

1=D 2/4

5 16 5 16 | 56 53 5. 3 | 2 3 2 | 2 3 5 665 353 2 |

1 1 6 | 1 2 5 3 | 2 2 1 | 5 6 1 | 2 321 |

匡 匡 令匡一令 匡 | 2 2 | 5 6 5 6 | 5653 232 | 2 5 5 6 |

5 353 2 | 1 | 1 2 | 33 12 | 25 35 | 32 1 ||

二、安徽花鼓灯

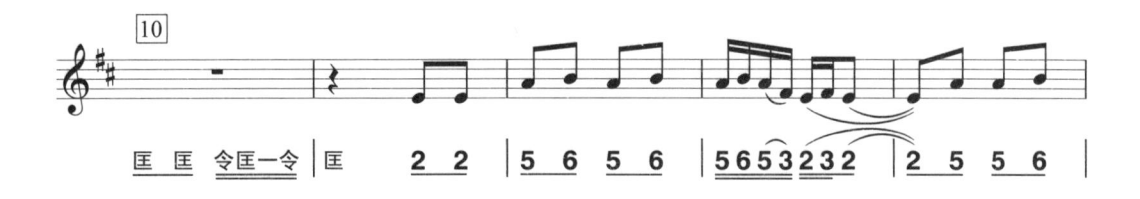

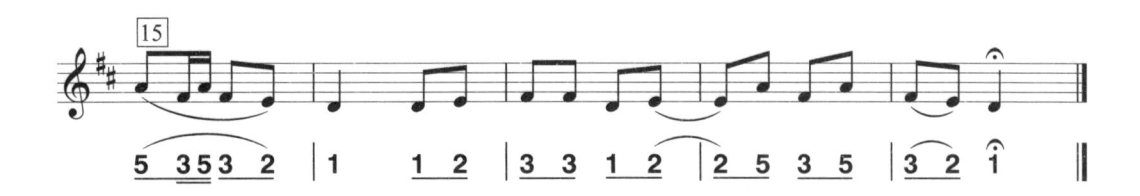

小小岔伞八根柴

文伞调

郑九如 演唱
汤兆麟 记谱

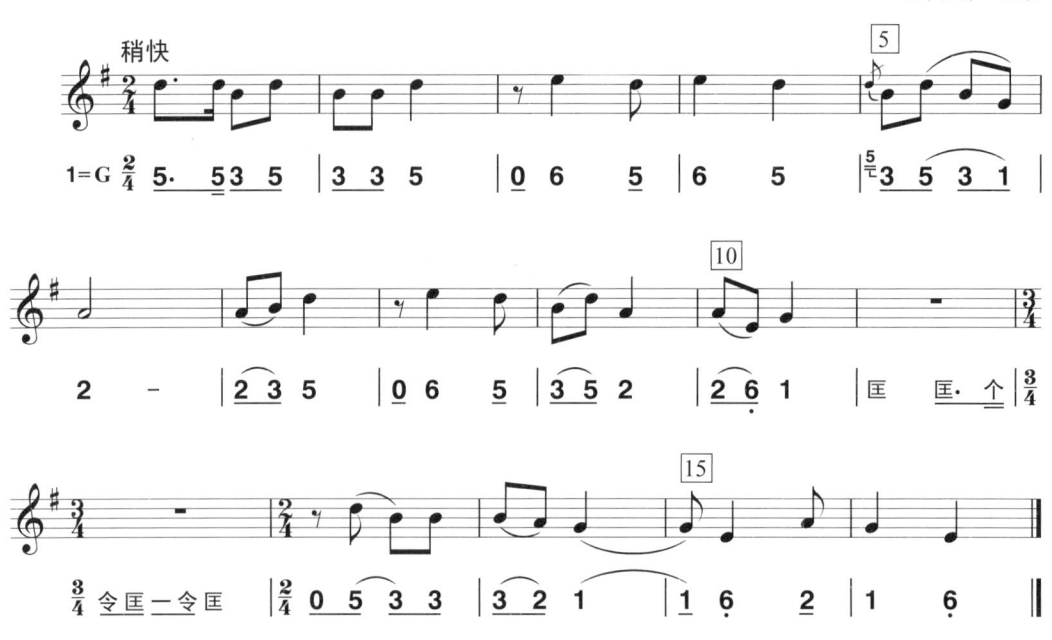

稍快

1=G 2/4 5. 53 5 | 33 5 | 0 6 5 | 6 5 | ⁵⁄₇ 35 31 |

2 — | 23 5 | 0 6 5 | 35 2 | 26 1 | 匡 匡. 个 3/4 |

3/4 令匡一令匡 | 2/4 0 53 3 | 32 1 | 16 2 | 1 6 ||

王小楼卖线

后场小戏 纺线调

常春利 演唱
石重群、周泽源、沈仁浪 记谱

中速稍慢

1=D 2/4 61 11 63 61 | 62 65 6. 5 | 3/4 35 55 5 21 | 2/4 6. 1 65 53 |

5 5 0 | 56 65 3 | 35 2 2 | 5 35 32 | 1. 21 ||

碾盘石磙担十三

挎鼓调

韩培莲 演唱
孙 霁 记谱

三、东北秧歌

（一）历史文化背景

　　秧歌是中国（主要在北方地区）广泛流传的一种极具群众性和代表性的民间舞蹈的类称，不同地区有不同称谓和风格样式。在民间，对秧歌的称谓分为两种：踩跷表演的称为"高跷秧歌"，不踩跷表演的称为"地秧歌"。近代所称的"秧歌"大多指"地秧歌"。东北秧歌流传于我国东北三省，具有浓郁的生活气息，表演形式丰富，为广大群众所喜闻乐见的歌舞形式。已入选辽宁、吉林、黑龙江省级非物质文化遗产名录。其中抚顺地秧歌2006年被列入第一批国家级非物质文化遗产名录。

　　秧歌的起源久远，有劳动说、祭祀说、傩仪说等不同说法，多种说法恰好说明秧歌的起源与形成是多元的，各地秧歌的历史源流与表演形式不尽相同。秧歌的起源可追溯到周代祭祀农神、驱傩的有关活动。《周礼·春官》："凡国祈年于田祖，吹豳雅，击土鼓，以乐田畯。国祭蜡，则吹豳颂，击土鼓，以息老物。"《周礼·地官》："鼓人掌教六鼓四金之音声，以节声乐，以和军旅，以正田役。"秧歌的形成与活动和农耕劳动生活、生产时序、祭祀仪式密切相关。[①] 秧歌起源与发展历史的久远，是指与农耕文化有关的此类歌舞形式，但秧歌一词的出现，从现有资料判断约在明末清初。宋代诗人苏东坡、陆游等人，关怀农村生活，曾为辛勤的农民写过不少诗，"插秧歌""农歌"，是当时调剂劳作的民歌。南宋灯节时，舞队中已有"村田乐"的记载，今日的秧歌可能吸收了其中的歌舞成分。秧歌儿作为形式的名称，有关记载最早见于清代，秧歌也盛行于清代。

　　东北秧歌流传至今约有三百年左右的历史。清初杨宾《柳边记略》一书描述了当时的"秧歌"："上元夜，好事者辄扮秧歌。秧歌者以童子扮三四妇女，又三四人扮参

[①] 罗雄岩：《中国民间舞蹈文化》，上海音乐出版社2006版，第192页。

军，各持尺许两圆木，戛击相对舞。而扮一持伞镫（灯）卖膏药者为前导，傍以锣鼓合之，舞毕乃歌，歌毕更舞，达旦乃已。"[①]该书描绘的是清初吉林边塞的宁古塔（今黑龙江宁安县）的情况，在边远地区能看到秧歌的表演，自然是当时的汉军或早期的移民组织儿童扮演的，并有唐宋扮演"参军戏"的遗意。从记述中可知表演是以持伞灯者为前导，男女角色都由男子扮演，男角持双木击打对舞等内容的表演程式。

早期的东北秧歌是不踩高跷表演的地秧歌，后来为了便于群众围观，在有的秧歌队中出现了扛人表演，上装（女，过去为男扮女装）站在下装（男）肩上跑大场（称跑浪头），但表演不能持久，后来在踏跷技艺和小鼓秧歌的影响下，部分地区吸取了踏跷的形式，发展成高跷秧歌。清光绪版《海城县志·岁事》载："康熙十二年（1673年）岁次癸丑，牛庄古镇三义庙亦有高跷、旱船，沿街跳舞。"[②]当时的高跷是河北、山东传入的"锣鼓高跷"。锣鼓高跷传入辽南后受到青睐，因为高跷足踏跷棍，高于地面，起到活动舞台的作用，便于观众欣赏。于是地秧歌艺人纷纷学习高跷，上跷表演秧歌，使地秧歌逐渐转变为高跷秧歌。

东北秧歌在解放前也是祭祀中的一种重要表演形式，《海城县志》中记载："岁时，祈报演戏酬神谓之报赛，如祈雨谢降之类，或当岁晚务闲相与醵金宴饮，演剧三、五日亦曰赛会，有古腊遗风，又有定期赛会。"所谓定期赛会，即为春耕前人们以民间歌舞娱神，祈神以求全年风调雨顺、康泰平安的祭祀活动。[③]

东北秧歌又是集舞蹈、杂技、小戏于一体的综合性的艺术形式，《辽阳县志》载："十五日为上元节，俗呼元宵节，又名灯节，由十四迄十六，商民皆张灯火，间有奏管弦者，街市演杂剧，如龙灯、高跷、狮子、旱船等沿街跳舞，俗谓秧歌。"由此可见秧歌，即同社火、杂剧一样，包括了各种各样的表演形式，也是各种艺术汇合演出的总称。[④]我们现在所说的秧歌，多指其中具有载歌载舞的形式。

[①] 肖振宇：《一种古老艺术的前世今生——东北秧歌研究》，辽宁人民出版社2014版，第2页。
[②] 中国民族民间舞蹈集成编辑部编：《中国民族民间舞蹈集成辽宁卷》，中国ISBN中心1998版，第65页。
[③] 李瑞林、战肃容编著：《东北大秧歌》，文化艺术出版社2004版，第5页。
[④] 李瑞林、战肃容编著：《东北大秧歌》，文化艺术出版社2004版，第5页。

图1 高跷秧歌表演

（二）表演形式

东北秧歌包括高跷秧歌、寸跷秧歌、地秧歌三大类。

1 "高跷秧歌"分为大鼓高跷和小鼓高跷两种表演形式。

（1）大鼓高跷主要是以大鼓、钹、锣、小钹和唢呐等乐器为主，在秧歌队伍的尾部伴奏表演的秧歌，称大鼓高跷。

大鼓高跷几种固定人物扮相为：头跷（张三）、二跷、渔翁、老㧟、傻柱子（丑）、上装（女）、下装（男）。其他人物扮相则根据表演内容而定。

大鼓高跷的表演分大象、跑大场、清场、过街楼四部分：

大象：类似叠罗汉，象征着万象更新。

跑大场：一般演出一开始就跑大场。

清场：又叫单场或小场，是秧歌的主要表演部分，由舞蹈小场和小戏演唱组成。

过街楼：是秧歌队走在街道上边走边演的一种表演形式，上、下装排列两行，在头跷的指挥下，按行进的队形集体表演翻身、搭肩、缠头、腰滚等动作互换位置。

（2）小鼓高跷又称上打家什、锣鼓四件。表演时主要以演员手持小锣，身挎腰鼓，边表演边为秧歌伴奏的一种表演形式，故称小鼓高跷。

小鼓高跷又分天津高跷和回民高跷。天津高跷主要流传于丹东、营口沿海一带，由天津传入，表演者多是渔民。回民高跷主要流传于沈阳一带，表演者多是沈阳回回营的居民，该秧歌由十六至二十人组成，跷腿高约一尺六寸左右，有各种花场和小场表演，载歌载舞，形式丰富。

2　"寸跷秧歌"又名踩寸子，寸跷秧歌基本上吸收了地秧歌的表演形式和表演特征，结合寸跷的表演，形成了独具特色的艺术种类。寸跷秧歌是由大鼓、钹、小钹和唢呐组成乐队为之伴奏。

寸跷秧歌的特点是：女表演者都是双足缚六至八寸的木制跷腿，跷板下拴小铜铃，跷头装饰彩色寸鞋，裤腿长至鞋上。男表演者及老㧟为徒步。

人物扮相有：鞑子官、货郎、青蛇（可称渔姑）、白蛇、傻公子、老㧟、傻柱子等。

寸跷秧歌的表演是以"花场"为主，即走阵式。其花场可分为大花场和小花场。大花场即秧歌队整体变化各种花场阵式；小花场即大花场后由几个人物变化各种阵式。有时在大场后变成圆圈边扭边唱喜歌，皆为祝福喜庆之意。主要花场有：蛇蜕皮、五股穿心斗、套连环（盘肠）、龙摆尾、编蒜瓣子、四面斗、剪子股、卷白菜心、别杖子等。

图2　东北秧歌表演（地秧歌）

3　地秧歌

地秧歌是一种不踩高跷表演的秧歌，一般由三十六人组成，少则十八人，多则五十人。它不但有各种小戏和舞蹈小场，而且还用花场子（队形变化）、唱喜歌以及对歌的形式来表达人们的情感。地秧歌乐队由一至两支唢呐、大鼓、大钹、锣和小钹组成。

人物扮相有：大鞭子、丑公子、公子、花旦、上装、下装等。

地秧歌的表演是先由丑公子带领变花场子，后接各种小戏或者喜歌、舞蹈和地方戏。

东北秧歌的风格特点是火爆、泼辣、稳静、幽默。民间艺人将东北秧歌特点概括为："稳中浪、浪中美、美中俏、俏中哏"十二个字。

东北秧歌扭法的主要三个部分是：手巾花、踢步、鼓的动作。

（三）音乐节奏特点

1 音乐特点

东北秧歌音乐的传统乐曲十分丰富，主要来自于东北地区的唢呐曲牌、当地民间器乐曲的片段、东北民歌和地方小调等。代表性的乐曲有：《句句双》《满堂红》《柳青娘》《大姑娘美》等。

由于舞蹈动作常有"上装"（女角）"下装"（男角）及各种人物之间的互相对答，在音乐中亦常出现对句。东北秧歌音乐的结构比较方整，多为上下句结构或采用同一乐句反复一次的手法使其成双。

东北秧歌鼓的动作是在打击乐的节奏变化中完成的，有一鼓、二鼓、三鼓、四鼓、五鼓、八鼓、十二鼓等。

一、二、三鼓是走场或跑场中的通用鼓，用得最普遍，有时用在乐曲中间或两首乐曲连接的地方。在民间，舞蹈表演的结尾处常用一、二、三鼓或滚龙场，有时也用整装八鼓。鼓点中有的是专用鼓点的名称，有的则是借用舞蹈动作的名称。专用鼓点的名称一般以大钹的击奏次数为准，如一鼓，大钹击奏一次，二鼓、三鼓、四鼓大钹分别击奏二次、三次、四次。按动作名称定名的有整装八鼓、手巾花八鼓等。

东北秧歌的乐队一般有唢呐、大鼓、大钹、小钹、大锣（中间有锣脐的高音光锣或中音光锣）。

2 节奏特点

东北秧歌的传统乐曲和鼓点节奏多为$\frac{2}{4}$拍，也有$\frac{4}{4}$拍和$\frac{1}{4}$拍（流水板），$\frac{3}{4}$拍只在某些乐曲的片段或鼓点节奏中偶尔出现。节拍重音经常出现在小节中间或最后一拍。附点音符的大量运用是东北秧歌音乐的特点之一，特别是在中速、慢速的乐曲中。与舞蹈"出脚快、落脚稳、膝盖带艮劲"的韵律特点十分协调。

东北秧歌常用鼓点

1 起鼓 2/4

(1)
字谱	一 冬 冬	仓 仓古儿 龙仓 一 冬	仓 仓 仓古儿 龙仓 一 冬	仓 0 ‖
鼓	0̄ X̄ X̄	X XX XX 0 X	X X XX X X 0 X	X 0 ‖
大钹	0 0	X X 0̄ X.	X X X 0̄ X.	X 0 ‖
小钹	0 0	X X X X	X X X X	X 0 ‖

(2)
字谱	一 冬 冬	仓 仓 古儿 龙 仓 一 冬	仓 0 ‖
鼓	0̄ X̄ X̄	X X X XX 0 X	X 0 ‖
大钹	0 0	X X 0̄ X.	X 0 ‖
小钹	0 0	X X X X	X 0 ‖

(3)
字谱	一 冬 冬	仓 仓 古儿 龙 仓 一 冬	仓 古儿 龙 冬 仓 0 ‖
鼓	0̄ X̄ X̄	X X X XX X 0 X	X XX X X X 0 ‖
大钹	0 0	X X 0̄ X.	X X X 0 ‖
小钹	0 0	X X X X	X X X 0 ‖

（0̄ 左手鼓槌按压鼓面　X̄ 闷击）

2 一鼓 2/4

字谱	冬　0 古儿	龙 冬 仓 ‖
鼓	X　0 XX	X X X ‖
大钹	0　0	0 X ‖
小钹	X　X	X X ‖

三、东北秧歌

7 手巾花八鼓 2/4

8 整装八鼓 2/4

三、东北秧歌

9 十二鼓 2/4、3/4

10 滚龙场 2/4

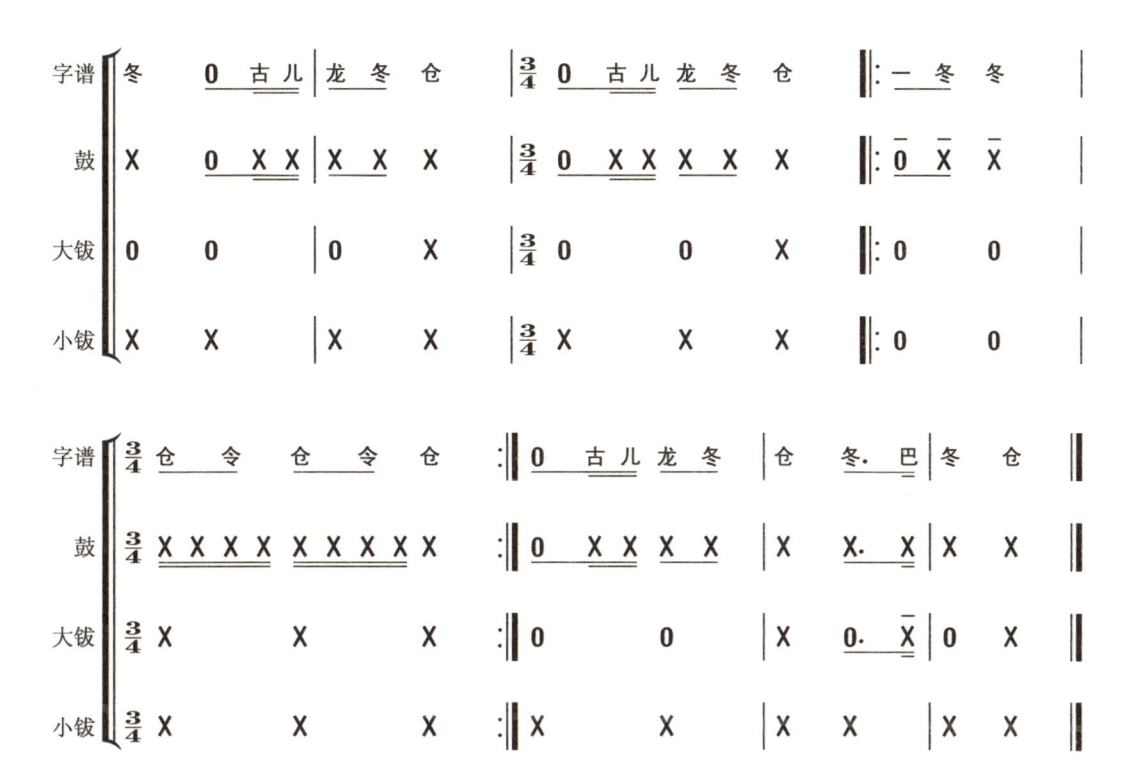

11 硬三槌 $\frac{2}{4}$、$\frac{3}{4}$

（注：锣与大钹演奏同一行谱）

句 句 双

闻庆善 演奏
久　盛 记谱

三、东北秧歌

柳 青 娘

大 姑 娘 美

（又名《句句双反串》）

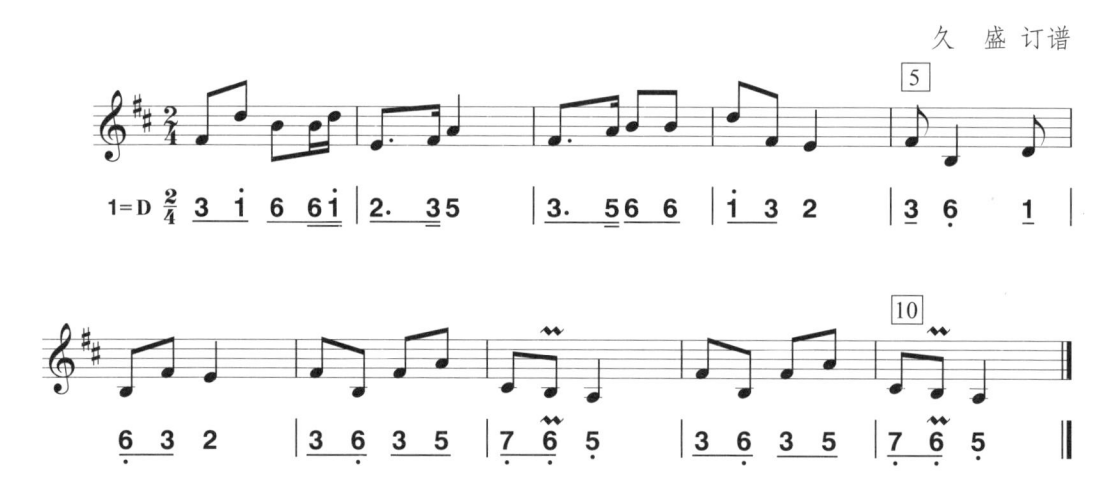

五 匹 马

李荣春 演奏
久　盛 记谱

欢腾地

1=D 2/4

三、东北秧歌

满 堂 红

闻庆善 演奏
久　盛 记谱

欢快地

1=F 2/4 5. 6 5 6 | 1 6 1 | 5 1 6 5 | 3 2 3 |

3 6 5 3 | 2 1 2 | 2 5 3 2 | 1 6 1 | 2 6 1 |

2 6 1 | 2 1 2 1 | 2 6 1 | 2 5 3 2 | 1 6 1 ‖

柳 摇 金

久　盛 订谱

1=C 2/4 1. 1 6 5 | 3 2 3 | 1 3 | 5 | 6 5 6 | 5. 1 6 5 |

3 5 1 6 | 5. 6 1 2 | 3 2 3 | 3 5 | 3 | 5 | 6. 1 |

$\underline{5\ 3}\ \underline{2\ 3\ 5}\ |\ \underline{0\ \dot{1}}\ \underline{6\ 5}\ |\ \underline{3\ 2}\ 3\ |\ \dot{2}\cdot\ \underline{\dot{1}\dot{3}\ \dot{2}}\ |\ \dot{1}\ \dot{1}\ \dot{1}\ |$

$\dot{2}\cdot\ \underline{\dot{1}\dot{3}\ \dot{2}}\ |\ \dot{1}\ \dot{1}\ \dot{1}\ |\ \underline{\dot{2}\ \dot{1}}\ \underline{0\ 2}\ |\ 3\quad 5\ |\ \underline{3\ 5}\ \underline{0\ 3}\ |\ \underline{5\ 6}\ \dot{1}\ |$

$\underline{5\ 3}\ \underline{2\ 3\ 5}\ |\ \underline{0\ \dot{1}}\ \underline{6\ 5}\ |\ \underline{3\ 2}\ 3\ |\ \underline{\dot{2}\ \dot{1}}\ \underline{\dot{3}\ \dot{2}}\ |\ \dot{1}\ \dot{1}\ \dot{1}\ ||$

三、东北秧歌

四、昌黎地秧歌

（一）历史文化背景

昌黎地秧歌是河北省的传统民间舞种，分布在河北省昌黎、卢龙、抚宁、乐亭、滦县等地，最早产生于元代，一直流传至今。2006年被列入第一批国家级非物质文化遗产名录。

作为在田间劳作时演唱的秧歌，在昌黎一带的传入，就史料分析，当出现在一千多年前的五代时期。后唐同光元年（公元923年），辽太祖耶律阿保机率领契丹军队占据这一带后，把从定州一带掳来的3000户汉人迁居于此，设置营州邻海军和广宁县辖制。而当时地处冀中平原的定州一带是栽植水稻，时兴秧歌的。五代初期这些定州俘户的到来，为当时地广人稀的昌黎一带带来了中原地区比较流行的秧歌，为昌黎地秧歌的诞生植下了最初的根芽。[①]

当年定州移民带来的"稻秧歌"与舞蹈相结合，变成一种以歌舞为载体的民俗活动。在辽、金、元三个少数民族占统治地位的漫长时期，中原文化气息极深的秧歌艺术被契丹、女真、蒙古等少数民族文化所感染，渐渐变成渗入这些民族舞蹈色调的秧歌舞。当时与汉人在这一带杂居的契丹人、女真人和蒙古人，包括色目人等少数民族都是能歌善舞的，对汉民族的民俗舞蹈产生了一定的影响。如昌黎地秧歌表演中丑角的晃肩动作就带有明显的蒙古族舞蹈特点，"丑"角所戴的"缨子帽"也是从蒙古族服饰发展而来的。丑角、扽角的一些滑稽动作和妞角的羞臊动作、躲闪动作和扇子与手绢的遮身动作等，都与传统的汉民族舞蹈有着明显的差异。

到明、清两个朝代，昌黎地秧歌步入重要的兴起与发展时期，显现的主要特点是民间舞蹈、音乐艺术与戏剧艺术的有机结合。明朝洪武、永乐年间，山西、山东、河

[①] 腾运涛、田国安主编：《昌黎地秧歌》，中国戏剧出版社2012版，第8页。

南、安徽及江南一些地区人数众多的移民的迁入，使这一带的传统秧歌表演艺术日趋丰富多彩、婀娜多姿。

清朝道光年间的昌黎学人王作云首创了"秧歌演戏"，即把戏曲折子戏的主要内容和情节用秧歌舞蹈来进行表现，从而使传统的跑场或大场秧歌变化、发展成一个又一个以场地为舞台的"出子"秧歌（"出"，古代戏曲的一个大段落叫一出。）。出子秧歌的出现，使地秧歌从单一的抒情发展成以叙事为主，有人物、有故事、有情节、有戏剧表演特征的民间舞蹈。

据已故民间舞蹈大师周国宝等人回忆，在出子秧歌出现前的跑场秧歌，又叫"唱秧歌"，它并不是载歌载舞的形式，而是唱时不舞、舞时不唱，之后唱的部分逐渐弱化并被最终淘汰。到了清末民初，聂国和（聂三，昌黎县城东八里庄人）、宋荫村（宋老五）、田大迷糊等著名秧歌艺人，又对昌黎地秧歌的出子表演内容进行扩充，在精心表演《拾玉镯》《断桥》《错中错》《孟姜女》《王少安赶船》《小姑贤》《小放牛》等传统剧目的基础上，把秧歌演戏的题材进一步生活化和大众化，开始用地秧歌直接表现一些民间生活故事，相继编排出《赶脚》《锔缸》《打灶王》《瞎子摸杆》《老夫背少妻》等民俗色彩极浓的出子秧歌。[1]

图1　昌黎地秧歌表演（小场秧歌）

---

[1] 腾运涛、田国安主编：《昌黎地秧歌》，中国戏剧出版社2012版，第12页。

（二）表演形式

昌黎地秧歌的表演形式主要分为两种：场子秧歌和排街秧歌。排街秧歌是昌黎地秧歌表演的出场形式，而场子秧歌是昌黎地秧歌的主场表演。

昌黎地秧歌的场子秧歌比较讲究场面调度、构图、造型等，并视场子大小、表演人数多少等情况，分为大场、中场、小场，或都扭，或择一二。

大场秧歌阵势大、气势足，表演者多至上百人，少则几十人，由一二人领舞，众人随之。这种形式的表演俗称"跑套子"，并不注重故事情节和典型人物，讲究的是队形变化和构图的统一与完美。

中场秧歌比大场秧歌表演的人少，为多出秧歌同时上演，不注重故事情节，但讲究塑造典型人物、场面调度无固定程序，由演员自由发挥。这种扭法实际是给出子秧歌的表演人物亮相。

小场秧歌是场子秧歌的压轴戏，主要扭有故事情节、类似戏剧表演折子戏的出子秧歌，一出接一出地表演，直到演得尽兴为止。出子秧歌的传统剧目较多，主要是戏剧节目的选场，再有就是根据民间生活编排的民俗小戏。出子秧歌的出场人物大多为三个。

图2　昌黎地秧歌（排街秧歌）丑、扛、妞

昌黎地秧歌的四大表演行当是："妞""丑""㧅""公子"，表演各具特色。

1 "妞"，昌黎地秧歌表演中的女性行当。主要表演的是闺门少女，或是年轻小媳妇一类的人物。这样的妞角，类似戏曲表演中的青衣，花旦等，主要表现姣美、温柔、开朗、多情的青年女子娇媚神态。

"妞"在昌黎地秧歌表演中，有时也有文妞与武妞之分。武妞的舞蹈动作比文妞的舞蹈动作显得幅度更大、更加泼辣一些。昌黎地秧歌产生之初，各行当均由男性扮演，如今多由女演员直接表演妞角。

"妞"的主要表演风格与特点是："步子小，胯要扭，动腰如同风摆柳；头稍晃，肩要柔，体态妖妖半含蓄。""稳中怯，柔中俏，扇花飞舞周身绕；双臂摆动娇又媚，好似葫芦蔓儿飘。""身稳腰柔步子轻，腕软夹臂要抠胸；眼睛含情面要媚，胯随身子轻摆动。"

2 "丑"，昌黎地秧歌表演中的男性行当。扮演一些现实生活中的滑稽角色和戏剧表演中的丑角人物，分为文丑和武丑。武丑的表演和动作比文丑更为豪放。文丑扮演的人物类型极广，除武夫外各种类型均有。而武丑多扮演机警幽默、武艺高超的人物，动作轻巧敏捷、矫健有力，擅长翻、跳、扑、跌等。此外，还有一种丑角被称为"花丑"，花丑主要是在表演时显得更加滑稽一些。

"丑"是地秧歌中的核心角色。没有"丑"就没有"逗"。"闹秧歌，不上丑，就同吃饭没肉一样不上口。"由此可知，丑角在昌黎地秧歌表演队伍中分量最重，表演技艺也要求最高。

"丑"的主要表演风格与特点是："肩要活，腿要变，挺胸收腹胯要端；步子轻，亮相缓，情趣幽默要自然。""应变快，招数多，浑身是戏最灵活；翻、转、钻、闪满场飞，逗得小姐无处躲。""跳蹦要轻盈，节奏要鲜明。脚下忙不乱，有蹲又有蹬。亮相多逗人，肩胯活又灵。场上要耍满，不能留闲空。动作想锁住，随着唢呐停。"

3 "㧅"，又称"老㧅"，昌黎地秧歌表演中的女性行当，扮演的主要是老婆婆和年纪稍大一些的妇女，分为文㧅和武㧅。

"老㧅"为昌黎一带及东北一些地方的方言称呼，主要指的是老伴、老婆和老太太，带有一些"徐娘半老"之意。"㧅"字由用胳膊挎着筐、篮的动作而来。

文㧅扮演的是身段灵巧、诙谐幽默的老婆婆一类人物，显得比较稳重、风趣。武㧅扮演的是泼辣、健壮的婆婆一类人物，舞蹈动作比文㧅大，显得性情粗犷、豪放。昌黎地秧歌表演中的㧅角，极少扮演戏剧人物角色，多饰演生活中的性格外露的老太太或媒婆一类的老年妇女。多年来，㧅角的表演主要由男秧歌手反串。新中国成立后，

四、昌黎地秧歌

特别是近二三十年，由女演员直接表演的抠角越来越多。文抠使用的道具是团扇和烟袋，武抠使用的是棒槌。

文抠的表演风格与特点："扇要活，烟袋转，颈部前后错双肩；眼传神，步伐缓，神态自若脚不乱。""胸要抠，肩靠前，团扇快慢手中捻。肚子动，膀子俏，眼睛灵活照顾全。双脚踩在点子上，烟袋随着感情转。"

武抠的表演风格与特点："双手打、分、勾、送，肩膀错、端、抖、耸，面部喜、恨、哀、乐，腰部探、抑、弯、打，双脚多稳健，棒槌不过顶。""全身摆动腰眼活，动作开阔棒利落；恨起来咬牙切齿，乐起来前仰后合。"

4 "公子"，为昌黎地秧歌表演中的男性角色，大多表现秀才、书生一类的人物，基本与戏剧表演中的小生相同，分为文公子与武公子。

文公子头戴公子帽，身穿长衫，舞蹈时左手握住长衫胸前衣襟，敞怀亮胸，右手持扇。由于一手握襟，在舞蹈动作方面受到一定局限。

武公子一般上穿黑箭袖褂子，腰系大带，穿白、红等彩裤，黑薄底鞋，头戴火叶小生巾。武公子的表演比文公子要豪放得多。

"公子"的表演特征是体态轻盈、风流潇洒，脉脉含情，舞姿挺拔。表演主要风格与特点："酸溜溜，文绉绉，八字步，倒背手；一步三颤晃脑袋，眼神盯着妞和抠。""步子稳，体态轻，扇花规矩不乱动；一招一式含情舞，风流潇洒又稳重。"

昌黎地秧歌仅身体动作就有搭身、钻身等20多种，步法有碎步、跳场步、蹲裆步、跳台步、别腿碾步、俏步、并腿小步、急行步、探步、浪荡步、云步、垫步、圆场步等数十种，充分体现了"地跑""地出溜"的表演特点。此外，昌黎地秧歌表演对道具的使用也独具匠心，有变化无穷的扇子花、手巾花、烟袋花、棒槌花等，其中仅扇子花就有8字扇、奔月扇、顶上晃扇、左搭右闪扇、遮阳扇、鸳鸯扇、抱月扇、簸箕扇、风云扇、错掌扇、跳掌扇、钻天扇、缠头扇、折点扇、扑盖扇、双圆扇、小展翅扇等70余种。

昌黎地秧歌中著名的秧歌小戏有《扑蝴蝶》《锯缸》《王二小赶脚》《傻柱子接媳妇》《跑驴》等。

（三）音乐节奏特点

1 音乐特点

昌黎地秧歌伴奏乐曲都是昌黎吹歌（两支大杆唢呐、一个堂鼓、一副小镲为基本编制的鼓吹乐演奏形式）的秧歌曲，常用的秧歌曲有：《满堂红》《柳青娘》《句句双》

《大姑娘爱》《上天梯》等，伴奏乐器主要是唢呐、鼓、镲、钹。对于有故事情节的出子秧歌，所用音乐则相对固定。如《瞎子摸杆》主要用《大姑娘爱》和《瞎子摸杆专用曲》；《借伞》主要用《海青歌》；《跑驴》主要用《满堂红》；《锯缸》主要用《柳青娘》。这些为出子秧歌伴奏的小曲从早年间就已经固定下来，比如1956年出版的《锯缸》中，就写明锯缸的音乐用《柳青娘》和《反柳青娘》。

秧歌曲的曲式短小精悍、结构方整，慢板曲调优美，快板活泼明朗，富有浓郁的乡土气息。秧歌曲的独特之处在于每首曲子可以用不同的音调演奏，在演奏过程中常对旋律运用"加花"和"减字"的演奏手法。

2 节奏特点

秧歌曲一般是慢板起乐、中快吹奏、快板终结。慢而不拖，快而不乱。慢板是 $\frac{2}{4}$ 拍节奏，快板是 $\frac{2}{4}$ 拍、$\frac{1}{4}$ 拍节奏。

在场子秧歌表演时，经常需要"打场"（即打开场地），这时会演唱一些昌黎民歌。秧歌队"打场"时演唱的民间歌曲叫秧歌调，也叫秧歌绺子，或称打风流。一般都用打击乐演奏前奏和结尾。都是 $\frac{2}{4}$ 拍。

前奏鼓点

X. XX XX | X   X | XX XXX | X   0 ‖

结尾鼓点

X   X | X   X | X. XX X | X   0 ‖

昌黎地秧歌鼓点节奏

$\frac{2}{4}$ ♩= 126   刘 艮 记谱

X X | X X | XX XX | XX XX | XXXX XXXX | X X | XX | X X X X |

X X | XX | X X | XX | XXX | XX | XXXX XXXX | XXXX XX | X X | XX | XXXX X |

```
XXXX XXXX | XXXX X XX | X X X XX | X X  X  | XXXX XXXX | XXXX X XX |

X X  X  | 0 X X XX | X X 0 XX | XXX  X  | XXXX XXXX | XXXX X XX |

XXXX X XX | XXX X XX | XXXX X XX | XXX X XX | X X  X  | 0 XXX ‖
```

上 天 梯

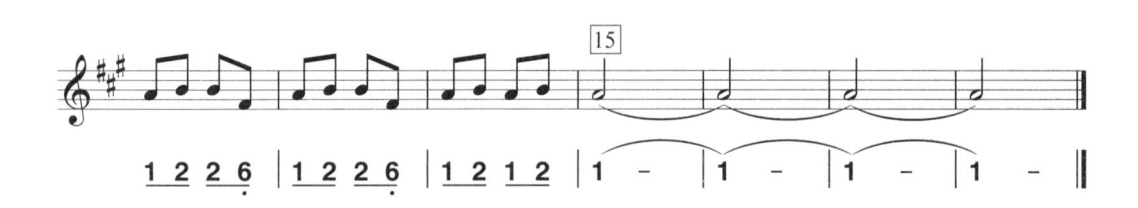

$1=A$ $\dfrac{2}{4}$

1 5̱ 6̱ 1 | 5 5̱3̱ | 2̱5̱ 3̱2̱ | 1. 7̱6̱ | 5 6̱1̱ |

5 5̱3̱ | 2̱5̱ 3̱2̱ | 1. 6̱ | 3. 2̱3̱ | 5̱. 6̱1̱ | 0̱7̱ 6̱ |

1 2 2 6̱ | 1 2 2 6̱ | 1 2 1 2 | 1 - | 1 - | 1 - | 1 - ‖

句 句 双

刘 艮 记谱

1=A 2/4

5 6 5 56 | 1 2 ♭7 6 5 5 3 | 2. 3 5 5 5 1 3 2 | 1 6. 3 2 2 |

3̣ 2 6 5 56 | 1 2 ♭7 6 5 5 3 | 2. 3 5 5 5 1 3 2 | 1 6. 3 2. 2 |

1 2 ♭7 6 5. 1 3 2 | 1 6. 3 2. 2 | 1 2 ♭7 6 5. 1 3 2 | 1 6. 3 2. 5 |

3. 5 3 5 6. 1 5 6 | 1 3 2. 3 2 5 | 3. 5 3 5 6. 1 5 6 | 1 3 2. 3 2 2 |

6. 2. 3 2. 3 1 6 | 5 5 6 1 5 :| 5. 6 3 2 5 5 ‖: 1. 6 5 5 1. 6 5 5 |

3 5 1 6 5. 3 | 2. 3 5 5 5 1 3 2 | 1 6. 3 2 2 | 1. 6 5 5 1. 6 5 5 |

3 5 1 6 5. 3 | 2. 3 5 5 5 1 3 2 | 1 6. 3 2. 3 2 2 | 1. 6 1 6 5 5 |

四、昌黎地秧歌

52　中国多民族非遗传统舞蹈之节奏与应用（一）

满 堂 红

1=D 2/4

3 6 3 2 | 1. 7 | 6 6̣ 1 5̣ 6̣ | 1. 2 | 3. 5 6 1 |

5 3 2 1 | 6 1 6 1 3 2 | 1. 7̣ | 6̣ 5̣ | 3. 5 6 1 | 3 6 3 2 |

1 - | 1̇ 2̇ 7 6 | 5. 6 | 1̇ 1̇ 6 5 6 | 1̇ - | 5. 6 1 1̇ |

2̇ 7 6 5 | 3 5 3 2 1 2 | 3 - | 3. 5 6 1 | 5. 6 1̇ |

6 5 4 3 | 2 - | 2. 3 5 5 | 3 5 6 1̇ | 3 6 3 2 | 1 - ‖

四、昌黎地秧歌

鬼 扯 腿

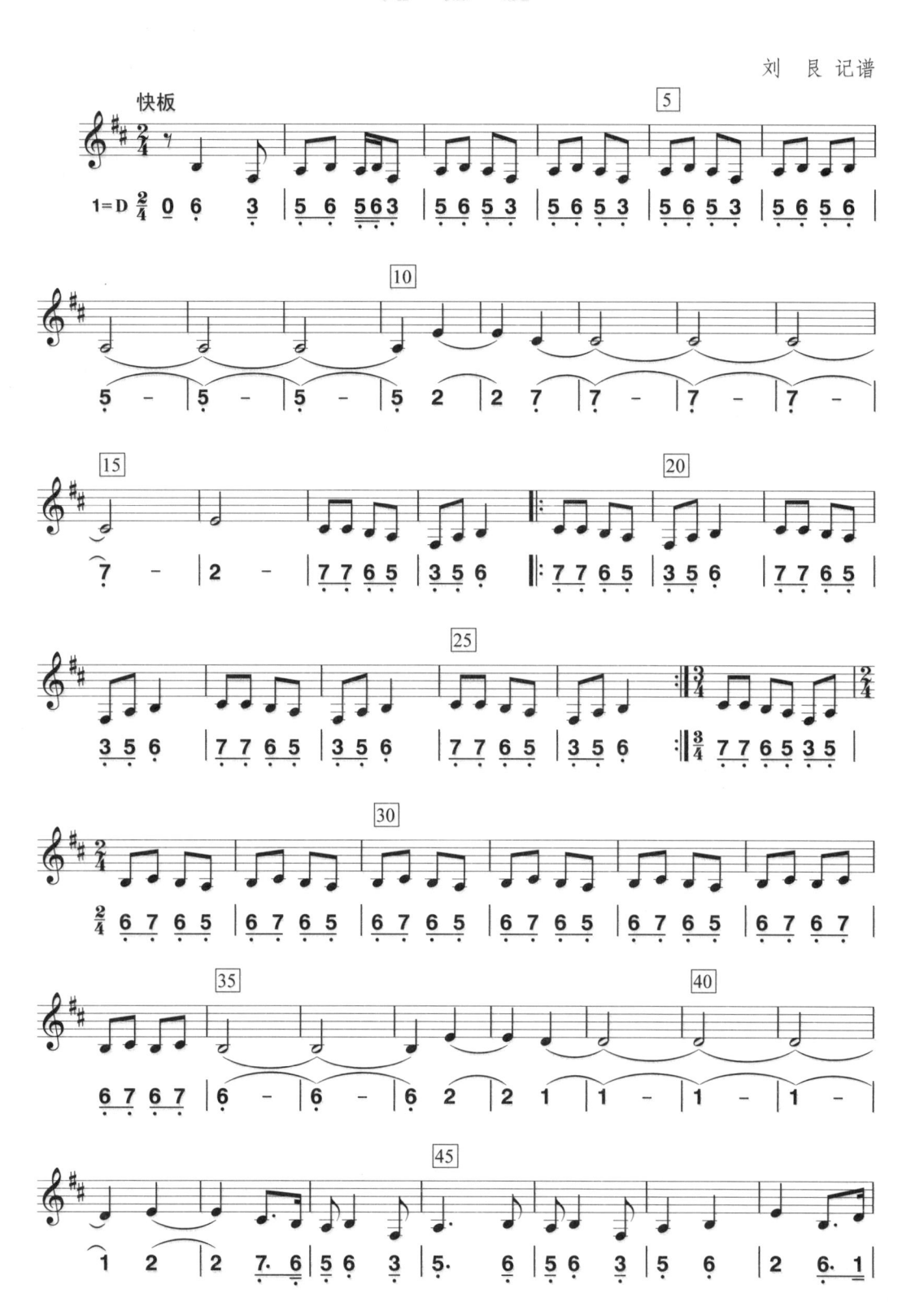

刘 艮 记谱

四、昌黎地秧歌

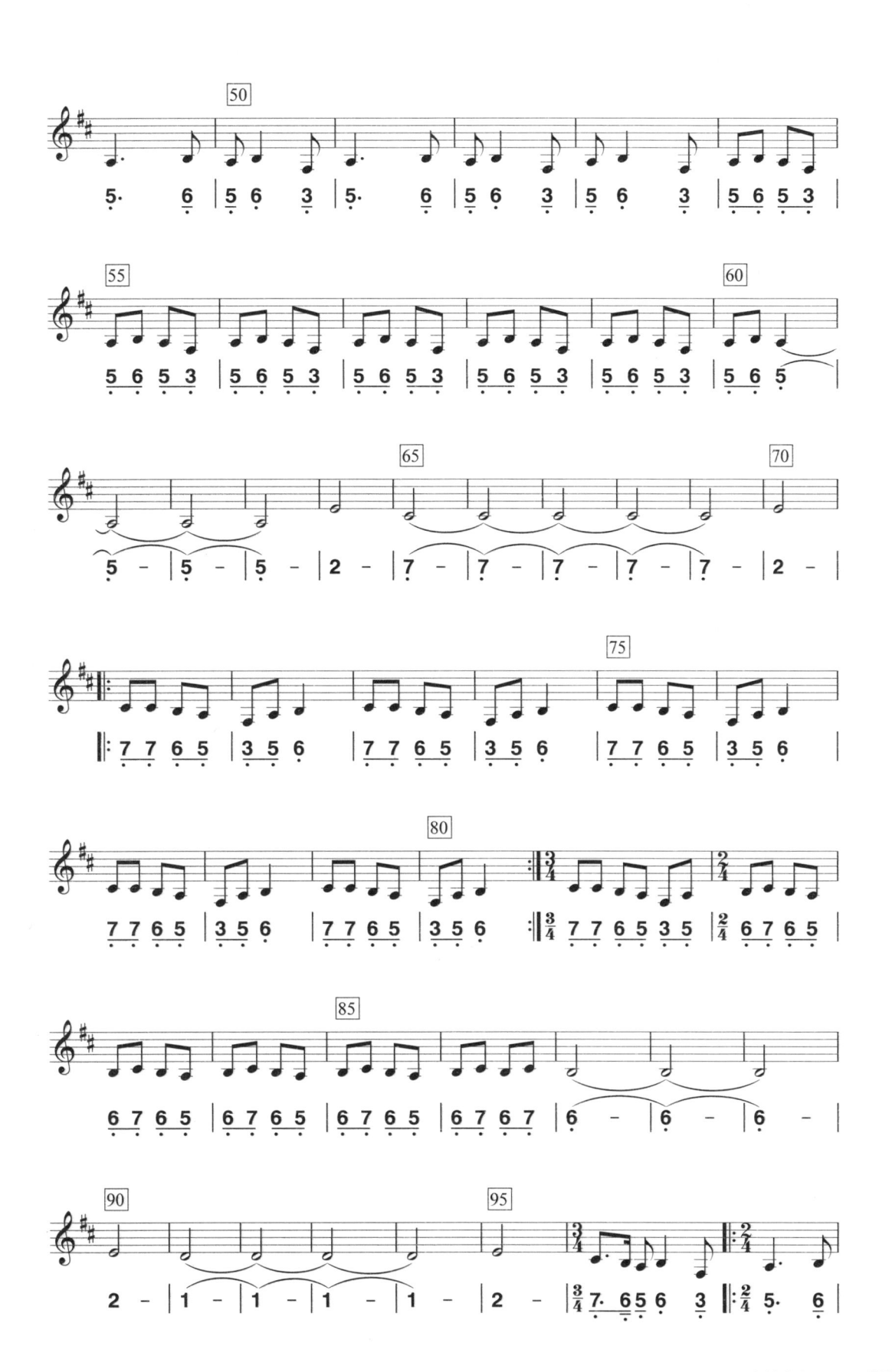

56 中国多民族非遗传统舞蹈之节奏与应用（一）

大姑娘爱

刘 炅 记谱

1=G 2/4

5 6 5 3 1 3 2 2 | 3 5 3 5 6 6 5 ‖: 6 6 1̇ 3 | 2 1 2 3 5 3 5 |

6 6 1̇ 6 | 5 2 5 3 2 1 2 | 6. 5 3 2 1. 7 | 6 6 5 3 2 2 2 |

[1.] 6. 3 2 2 6. 3 2 2 | 2 3 5 6 5 6 5 | 0 6 3 2 2 0 6 3 2 2 | 2 3 5 6 5 6 5 :‖

[2.] 5 6 5 3 2. 3 2 2 | 3 5 3 5 6 6 5 | 5 6 5 3 2. 3 2 2 | 3 5 3 5 6 6 5 |

‖: 6 1̇ | 2. 3 5 | 6 1̇. 6 5 3 2 | 0 6 1 |

6 3 2 2 | 5 3 2 2 | 3 5 6 5 | 5 3 2 2 | 3 5 6 5 :‖

四、昌黎地秧歌

五、洪泽湖渔鼓

（一）历史文化背景

洪泽湖渔鼓，也称"打端鼓"、"端鼓舞"。是早期洪泽湖湖区神汉为渔民烧纸还愿或神坛祭祀时，在其特定区域内说唱与舞蹈相结合的一种舞蹈表现形式。它始于唐代，渊于江苏省宿迁市泗洪县半城镇境内的穆墩岛（洪泽湖中唯一的岛）及洪泽湖湖区一带。由唐王为超度世上无主冤魂，在穆墩岛举办的水陆大会而来。主要分布在江苏省宿迁市泗洪县及沿湖有关乡镇、村和淮安市洪泽县等地。尤以泗洪县半城镇的穆墩岛、洪安、安河口等渔业行政村为传承之最。2014年被列入第四批国家级非物质文化遗产代表性项目名录。

关于洪泽湖渔鼓的渊源有两种说法：（1）《中国舞蹈志·江苏卷》载："端鼓舞源于满族人的风俗——跳神"。后来随着南北文化的交流，传至洪泽湖湖区一带，成为湖区渔民驱邪、敬湖神、保佑丰收的民俗。（2）据湖区渔民王氏族谱"端鼓起于唐"的记载追忆：唐王李世民在登基之前和辽国打了一仗，李世民为了打胜仗便向神灵许愿，若打胜仗，便敬天神、地神和阎王。许愿以后，唐王取得了胜利，回到西京长安坐上了金銮殿。李世民当上皇帝以后，就把自己许下的愿给忘了。三年过去了，专司查愿的神灵发现唐王李世民不讲诚信，便把唐王李世民捉到了地府，但由于李世民是真龙天子下凡，阎王奈何不了他，于是就惩罚李世民最宠爱的西宫皇娘。李世民一看失信要受惩罚，日子不得安宁，决定在洪泽湖一个高墩上（半城镇穆墩岛）搭高棚、设香案、摆大供，请"神汉（渔鼓班子）"举行四天四夜祭拜神灵仪式，这些"神汉"就是洪泽湖的渔鼓（端鼓）班子，还愿祭奠神灵所唱腔调经过演变就形成了现今的渔鼓（端鼓腔）。后来唐王李世民还把自身发生的故事编入唱词取名《唐王游地府》，交由洪泽湖的渔鼓班子表演，教育后人要守诚信。①

---

① 泗洪县半城镇文化中心《洪泽湖渔鼓》申请国家非遗项目资料。

明清时期"打端鼓"达到鼎盛。凡渔民续家谱、祭祀、开捕、灯会时都要设坛举行"打端鼓"活动。后来,湖区艺人对打端鼓的舞姿增加了劳动模拟,"端鼓舞"随之改称"洪泽湖渔鼓",演出场地也增加了陆地舞台或广场表演。

洪泽湖渔鼓是洪泽湖湖区渔民生产、生活中祈祷祭祀、续家谱、追溯历史、祝寿祈福、喜庆丰收的礼仪习俗。由于在历史上没有得到官方和社会上层人士的重视和关注,加之渔民生活漂泊不定,念书识字不多,它的传艺全靠祖辈口传心授。目前代表作有《刘文龙赶考》、《张郎休妻》、《魏征斩小龙》等十余部。

洪泽湖渔鼓演出传统剧目大体可分为三类:一是篇幅较小的段子,如:《钓金龟》和《捉鬼记》等小品形式的短篇表演;二是民俗性较强的中篇故事,如:《刘文龙赶考》《张郎休妻》等;三是传奇性较强的神话故事,如:《魏征斩小龙》《五鬼昼夜闹皇宫》《唐王宫中许愿》《唐王游地府》《袁天罡长安卖卦》《老魏征拒诏入监》《魏九官九岁见唐王》《替父职九郎请神》《闯龙宫借马得鞍》《魏九官巧得神鞭》《唐玄奘西天取经》等等。

洪泽湖渔鼓主要的曲调是"嚷神咒""念佛记"。最基本腔调是以词代替腔名的[十字韵]和[七字韵]两种。

图1 洪泽湖渔鼓

(二)表演形式

洪泽湖渔鼓演出多在湖面上进行,渔民们把两条船连并成舞台,观众坐在自己的船上围观。神坛(舞台)背景布上悬挂着各种神像和装饰有刻纸的图案等。陆地演出还要在旗杆上挂神幡。展示时，有严格的"开坛""展鼓""拜坛""祭神"程序。

（1）开坛：坛头立于船头发令，开始鸣炮奏乐，渔鼓铁环响起。

（2）展鼓：数面渔鼓同时敲击，气氛热烈。

（3）拜坛：在展鼓的鼓声中轮番祈祷祭坛。（如：续家谱，由本族中辈份高、德高望众的长者在祖先牌位前报续家谱的原由、宣布程序；在开捕时举办打端鼓，渔民们则在神像前祈祷风平浪静，鱼虾满仓等等）。

（4）祭神：艺人和鼓师稳坐不动，一唱众帮、一领众和，声势颇大，是打端鼓中场面最庄严、虔诚的形式。

洪泽湖渔鼓演出时，艺人身穿艳丽的服饰，左手端着形似芭蕉的单面羊（狗）皮鼓，右手执细竹签击打鼓面，时而晃动鼓柄，鼓柄上的铁环圈相撞，哗哗作响，伴奏出特殊的音乐效果，有说、有唱、有舞，以唱为主。有对唱，有合唱。有时口中窃窃絮语、喃喃吟咏，似唱非唱，如歌如祝，表演者多是坐着或站着打圆场，念唱结合。有时屈一足成商羊腿，加上渔鼓的击打声浑然一片，唱词格律与押韵方式奇巧多样，听起来别致有趣。

合唱一般是一领众合，如果是七字韵，第一名领唱先唱6个字后，合唱插入"哎哟"，再吐出第7个字，然后合唱下句。两句为一个单位，循环往复，直至曲终。因合唱者的声音高低不同，旋律各异，自然形成的合声，听起来别致有趣。端鼓腔中的人物有生、旦、净、末、丑之分，但与一般戏剧又完全不同。因为演员少，可以随时串换角色。如一旦角，在同一剧中，在这段情节可扮一少夫人，在另一情节中又可扮一小姐。因演员在同一剧中扮演几个角色，为使观众看的明白所以在演唱时先要介绍自己是剧中的哪一个人物。如《刘文龙赶考》中《登程》一段，妻肖氏送丈夫刘文龙赶考，一生一旦对唱。生唱"文龙说，叫肖氏，我上京，你在家，你要学什么花……"。旦唱"肖氏说，刘相公，你上京，我在家，我自学韭菜花……"。扮演着文龙，还要唱"文龙说"，这是与别的说唱形式截然不同的地方。在个别情节中，还采用舞蹈来烘托气氛。仍以肖氏女为丈夫送行为例，男女二人，一手拿纸扇，一手拿手绢对舞，边舞边唱，表示一边走路，一边表衷心。

渔鼓的鼓身用直径约33厘米，宽约1厘米的铁圈，一面蒙上羊（狗）皮做成。鼓把长约14厘米，把尾装有一套"8"字形的铁环。但"8"字形的上下两部分不等，上部圆圈直径约为10厘米，下部圆圈直径约为3厘米；上部套有6个铁环，被平均分隔在左、右两边，下部套有3个铁环。"8"字形铁环上共装有9个小铁环，谓之"九连环"。

洪泽湖渔鼓在抗日战争时期作为湖区宣传抗日的表演节目搬上舞台。随着时代的发展，地方政府和文艺工作者把渔鼓演唱融入了崭新的内容，也早已成为湖区渔民生产、生活不可忽视的部分。现在，渔民们在"续家谱""祭祀"等特定环境下演出渔鼓，首先要唱"十谢"。即"一谢共产党万万岁，二谢中华民族繁荣富强……"等等。渔民们热爱洪泽湖，敬仰洪泽湖，对湖中的花草、鱼虾都可以编成词唱出来。

洪泽湖渔鼓传统舞蹈步法独特，有"商羊腿""剪子步""双驾云"等；还有"穿花""走圆场""走灯"。后来逐渐发展起来的队形有"双排柳""庆团圆""孔雀开屏""北雁南飞""一网粮"等，舞蹈时的特色主要似船在水中行进，人站于船头击鼓，舞步轻盈、荡漾，幅步不大，多为双脚踮起，按照鼓的节奏踏步。表现劳动模拟动作时如：撒网、抄网、收网和捕鱼获得丰收喜悦时，分别以中速鼓点、快节奏鼓点、强弱结合的鼓点相配合，高潮迭起。

图2　洪泽湖渔鼓表演　　　　　图3　船头表演原生态洪泽湖渔鼓

（三）音乐节奏特点

1　音乐特点

洪泽湖渔鼓没有伴奏音乐，只有鼓点节奏和唱腔。渔鼓即是洪泽湖渔鼓的伴奏乐器，有时也是表演道具。在唱段中还会用到铃铛，比如《念佛记》，演唱者手拿铃铛，边唱边敲击出固定节奏。在唱腔时旋律和节奏都较自由，根据个人不同的声音和气息条件，可以在不同的地方分句、喘气，适当的空拍休息。

2　节奏特点：

洪泽湖渔鼓的节奏有 $\frac{2}{4}$、$\frac{3}{4}$、$\frac{4}{4}$ 拍，以 $\frac{4}{4}$ 拍为主，速度以中速和快速较多，慢速乐段较少。鼓点节奏主要用在间奏，在唱腔中有时会用基本拍（每拍一或两下）配合唱腔。铃铛在唱段中间一直演奏一拍两下的固定节奏。

主要鼓点有

（1） $\frac{2}{4}$、$\frac{3}{4}$、$\frac{4}{4}$

$\frac{3}{4}$ X X X X | $\frac{4}{4}$ X XXX X XXXX X XX | X XXX X XXXX X |

XXXX X XXXX X | XXXX XXXX XXXX X X | $\frac{2}{4}$ XXXX X ‖

（2） $\frac{4}{4}$

XXXX XXXX XXXX X | X X X X XXXX X X |

X XX XXX XXXX X XX | XXXX X X XXX X ‖

（3） $\frac{4}{4}$

XXXX X XX XXXX X | XXXX X X XXXX X X |

X XX XXX XXXX X XX | XXXX X X XXXX X ‖

（4） $\frac{3}{4}$、$\frac{4}{4}$

$\frac{3}{4}$ X X X X | $\frac{4}{4}$ X XXXXX XXXXX XX | X XXX X XXXXX |

$\frac{3}{4}$ X. XXX X | X. XXX X | X. XXX X |

$\frac{4}{4}$ X XXXXX XXXX X XX | X XXX X XXXX X ‖

刘文龙赶考

64　中国多民族非遗传统舞蹈之节奏与应用（一）

五、洪泽湖渔鼓

念 佛 记（片段）

刘 恳 记谱

1=C 4/4 0 6 6 6 6 655 3 | 5 5 5 3 5 535 5 | 6 6 635 5 5 535 |

5 535 5 6 6 635 | 6 653 5 5 3 6 3 | 5 5553555535 535 |

5355555555555555 | 6 65353 5 2 2 4 | 5 5 5 5 3563535 |

5 3 5 5 3 5 5 3 5 6 3 5 | 6 6 5 5 3 6 6 5 5 3 5 |

5 5 5 3 6 5 5 5 | 5 3 355 3553 | 5 3 355 5 3 5 5 |

5 5 566 535 35 | 6 6 3 5 6 6 6 65 | 535 5 5 6 6 i 6 |

i i 6 i 6 5 3 6 | 5 25 5 6 6 3. 23 2 | 1 - - - ‖

《念佛记》文字节选

　　魏值符头戴五形，腰挎双刀，逢山开路，遇水叠桥，魏值符门外马斟茶点酒挪步上香望虚空参神礼拜！

　　小小香童手拿铜铃，跪在神棚，嘱咐神灵，不知那菩子天尊那菩子发身。一佛，二佛，鹅兰驾佛。东天活佛，西天活佛，南天活佛，北天活佛，中天活佛，赤脚佛，站脚佛，灯光佛，眼光佛，二郎佛，攒心佛，扒心佛，大肚佛，朝阳洞里三尊大佛，大佛三尊，啦嘛弥陀佛，千手千足佛，如来佛。

七　字　韵（一）

刘　艮　记谱

1=C 4/4

6 2̇ 6 1̇ 6 1̇ 1̇ 2̇1̇ | 5 1̇ 6 3 0　0 |

3 356 1̇2̇1̇6553· | 3 5 3　5 6̇1̇653 | 353 2 1·　0 ‖

七　字　韵（二）

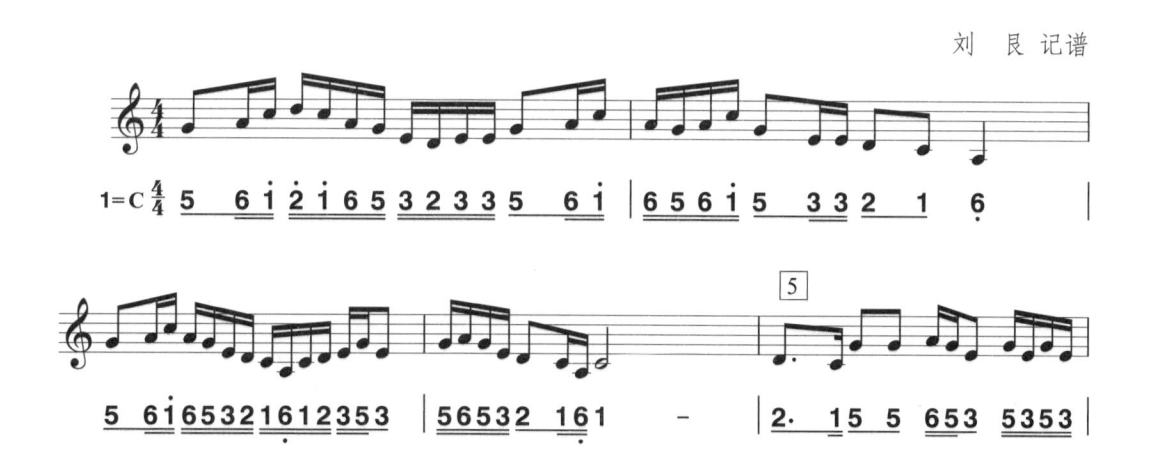

刘　艮　记谱

1=C 4/4

5　6̇1̇2̇1̇6532335　6̇1̇ | 6561̇5　332 1　6̣ |

5 6̇1̇6532161̣2353 | 56532 161̣　- | 2· 15 5　653 5353 |

五、洪泽湖渔鼓

十字韵

刘 艮 记谱

$1=C$ $\frac{4}{4}$

六、花钹大鼓

（一）历史文化背景

　　花钹大鼓又名"雷音圣会子弟花钹"，俗称"花钹大鼓"，流传于北京市昌平区小汤山镇后牛坊村。花钹大鼓起源于清代乾隆年间，为鼓、钹、舞高度统一的民间舞蹈。在花钹大鼓中，鼓、钹、舞同出一辙，声、情、貌高度统一。表演中鼓带钹声，钹追鼓点，明快活泼、自然灵动。舞蹈以膝颤的律动贯穿始终，动作行云流水、一气呵成。2008年被列入第二批国家级非物质文化遗产名录。

　　花钹大鼓的历史渊源与明代移民紧密相关。根据《明史》《明实录》等史书记载，自洪武元年（1368年）到永乐十五年（1417年）近50年内，先后共计从山西移民18次。[1] 这些移民迁往北京、河北、河南、山东、安徽、江苏、湖北、陕西、甘肃等十余省。由于当时的移民，都要到山西省洪洞县广济寺大槐树下办理移民手续，然后才能分往各地，所以当地有这样的顺口溜："问咱老家在何处？山西洪洞大槐树。祖先故居叫什么？大槐树下老鸹窝。"后牛坊村因移民的到来，而成为一个较大的村落。在清代乾隆年间，有一年山西省洪洞县闹旱灾，一位白胡子老人，从山西逃荒到了这里。村民一见是老乡，显得格外亲热，便热情地收留了他。老人在后牛坊村落户后，深感村民的厚爱，觉得无以回报，便把自己的独门绝技"雷音圣会·子弟花钹"传授给村民。从此"花钹大鼓"才得以在后牛坊村传袭下来。[2]

　　后牛坊村"花钹大鼓"的生存与发展，与人们崇拜神灵密切相关。后牛坊村明、清两代，庙宇众多，出于求神保佑，贺岁酬神的需要，每年春节、正月十五、四月二十七本村庙会，都要以走会的形式进香膜拜。清光绪元年（公元1875年）是民间花会得以巩固发展的机遇，曾一度停止活动的后牛坊村"花钹大鼓"，由于皇帝登基庆典

---

[1] 张青主编：《洪洞大槐树移民志》，山西古籍出版社2000版，第47页。
[2] 北京群众艺术馆编：《花钹大鼓》，少年儿童出版社1953版，前言。

的需要而恢复起来。这一说法在后牛坊村"雷音圣会·子弟花钹"钹旗上有记载,"钹旗"是黄芯黑字,三角形齿形大花边,两条飘带上面写着:"光绪元年,二次起会"只可惜这些钹旗已毁于"文化大革命"。后牛坊村"花钹大鼓"鼓谱中的"长行鼓",由两列纵队行进表演,称"香道",正是为娘娘菩萨护驾时专用的表演套路。年复一年,这些约定俗成的表演活动,使得后牛坊村"花钹大鼓"得以传承和发展。

后牛坊村原有"中幡""开路""高跷""五虎棍""花钹大鼓""狮子"六档民间花会,可称得上是花会之乡。随着时间的推移,由于各种原因,其它五档民间花会最终没有组织和发展起来,特别是随着老艺人的相继故去,现在已经基本失传。唯独后牛坊村的"花钹大鼓"由于深受群众的喜爱,仍旧久演不衰。

后牛坊村"花钹大鼓"是民间的群众组织,它的组织形式是新一届会首要由上一届老会首提名,经全体会员公议认可才可担任。新会首必须由技艺全面、组织领导能力强、群众威信高的人接班担任,会内设督办和帮办各一人,负责召集会议,组织活动等具体事务。会员入会自愿,退会自由。入会人家的子弟,从小耳濡目染,等长到八岁左右,开始参加正式训练,在通常情况下,要经过三至五年的基本功练习,方能选拔出一批优秀的演员。一代会首可带出多代学员。

抗日战争时期,小汤山地区成为日军医院,日本投降后又被国民党军队占据,该地区人民受尽战争之苦,终日不得安生,后牛坊村"花钹大鼓"活动也因此时断时续。新中国成立初期,会首郝纯芳致力于后牛坊村"花钹大鼓"的恢复工作,教授了一大批新学员,并开始吸收女学员参加表演。1957年,北京市群众艺术馆张启润对该项艺术进行挖掘整理。1959年至"文革"期间被迫停止活动。1973年在冯久儒、郝维栋、尤永海、陈真光、郝继苹、孙宝先等人的参与下恢复"花钹大鼓"活动。进入二十世纪八十年代,北京群众艺术馆董敏芝负责"民舞集成"编辑工作,又对该项目进行挖掘整理。昌平文化馆进行多次改革创新,后牛坊村不断地组织排练和演出,使该项艺术得到了继承和发展。

图1　后牛坊村花钹大鼓(扔腿接钹)

（二）表演形式

花钹大鼓表演形式灵活多样，舞蹈语汇丰富，可以编排出多种表演套路。表演阵容十分灵活，少则两人，多则上千人。表演顺序不拘一格，时间可长可短，场地也不固定，可在平地、舞台表演，也可在行进中表演。无论如何变化，各表演套路都可紧密衔接，做到自然流畅、完整统一。

传统表演方式是：八面大鼓、十六位舞钹人。会首负责排练和演出等全面工作。鼓既是指挥又是表演，头钹担任舞蹈领队。

后牛坊村"花钹大鼓"的舞蹈动作，以弹颤的动作步伐贯穿始终。共有17个动作，包括右趋跳步、弹跳步、弹跳自转、换跳步、二拍子换跳步、跪钹、左右跪钹、按钹、起鼓转、跑大通、五拍子跑大通、扔腿、二拍子扔腿、扔腿蹲、换跳接钹、弹跳接钹、二拍子换跳步接钹。常用的三个动作有：弹跳步、换跳步、扔腿。

花钹大鼓的风格特点是鼓、钹、舞三位一体的高度统一。鼓作为舞蹈表演的指挥同时又是伴奏的乐器，钹亦为伴奏乐器并与鼓的击打相互配合，同时又是舞蹈表演的道具。击鼓面与击鼓梆交替进行，钹面相击与磕钹相连，乐在舞中奏，舞在乐中生。每一击钹动作既奏出音乐，又是舞蹈语汇，鼓、钹、舞整齐一致紧密交融。演员在表演过程中，腾挪穿插，顾盼相生，情绪越来越高涨，舞步越来越流畅，展现出酣畅淋漓、自然和谐的舞蹈场面。

钹的动作分为击钹和磕钹。击钹有三种：

一、自击钹，双手执钹对打。

二、二人单对钹，用自己的左（右）手与别人的右（左）手对打。

三、二人双对钹，用自己的双手与别人的双手对打。

磕钹是指两手捧在胸前，左手钹面向上，右手钹面向左，用右手钹沿磕左手钹面。另外磕钹还有一个衍生的动作，即用右钹沿磕左钹面后，紧跟着使右手钹的钹面在左手钹的钹面上滑过，使钹发出两个声音。

（三）音乐节奏特点

1 音乐特点

花钹大鼓没有伴奏音乐，只有鼓点的变化。花钹大鼓常用鼓点套路有：长行鼓、三钹起鼓、上调儿、下调儿、老八架对钹等。其中长行鼓是全套鼓谱变化的基础。

大鼓的敲击主要是给舞者以准备的信号或者是提示接下来要进行的队形变化。铜钹在音乐方面的作用主要是在大鼓的指挥下与其配合，以丰富音色和加强节奏。鼓钹相间敲击而产生的音响效果对比决定了此种舞蹈的节奏变化较为丰富，击打鼓梆和击钹沿的节奏较多，从音色上也显得轻盈欢快，流畅洒脱。同时配合上弹颤的动律步伐，体现了灵活多变以及起、承、转、合完整统一的特点，并且具有热烈欢快、轻盈洒脱的独特风格。

② 节奏特点：

花钹大鼓的鼓点以三拍子为主，也有二拍子和四拍子的节奏音型，$\frac{4}{4}$、$\frac{3}{4}$、$\frac{2}{4}$的不同节奏有机的、巧妙的结合起来，通过鼓和钹这两种乐器相互配合为舞者的舞蹈进行伴奏。

X 读"通"，大鼓敲击鼓中心，小钹自击、对击，X X 鼓演奏两下，钹仍旧演奏一下。T 读"架"，大鼓敲击鼓梆，小钹"磕钹"（也叫"磕架"）。T X 钹演奏时就是右钹沿磕左钹面后，紧跟着使右手钹的钹面在左手钹的钹面上滑过。

常 用 鼓 点

① 对钹单钹 $\frac{3}{4}$、$\frac{2}{4}$拍

$\frac{3}{4}$ X X X | T T X | $\frac{2}{4}$ TX TX | X 0 | X 0 ‖

② 跪钹 $\frac{3}{4}$拍

X X X | T T X ‖

③ 三钹 $\frac{2}{4}$、$\frac{3}{4}$、$\frac{4}{4}$拍

$\frac{3}{4}$ X X X | T T X | $\frac{2}{4}$ TX TX | $\frac{4}{4}$ X X X 0 ‖

④ 踢腿接腿 $\frac{3}{4}$、$\frac{2}{4}$拍

$\frac{3}{4}$ X X X | T T X | $\frac{2}{4}$ T X T X | X 0 ‖

⑤ 长行鼓 $\frac{3}{4}$、$\frac{2}{4}$、$\frac{4}{4}$拍

$\frac{3}{4}$ X X X | T T X |: $\frac{2}{4}$ TX TX | X 0 | X 0 | $\frac{4}{4}$ X T T X |

$\frac{2}{4}$ TX TX | $\frac{4}{4}$ X X X 0 | X X X 0 | [1. X T T X :|| 结束句 X TTT X |

$\frac{2}{4}$ TX TX | X 0 | X T | X 0 | X X | $\frac{4}{4}$ XX TX X 0 ||

6 上调儿 $\frac{3}{4}$、$\frac{2}{4}$拍

$\frac{3}{4}$ X X X | T T X ||: TX TX X | T T X | TX TX X | TX TX X | TX TX X |

T T X | $\frac{2}{4}$ TX TX | $\frac{3}{4}$ X X X | $\frac{2}{4}$ TX TX | $\frac{3}{4}$ X X X | TX TX X | [1. T T X :||

结束句
TTT X | TX TX X | TX TX X | T X | $\frac{2}{4}$ TX TX | $\frac{3}{4}$ X X X | TX TX X 0 ||

7 老八架对钹 $\frac{3}{4}$、$\frac{2}{4}$、$\frac{4}{4}$拍

$\frac{3}{4}$ X X X | T T X ||: $\frac{2}{4}$ TX TX | $\frac{4}{4}$ X X X 0 | X X X 0 | X T T X | $\frac{2}{4}$ TX TX |

$\frac{4}{4}$ X X X 0 | [1. XX T X X 0 | $\frac{3}{4}$ XX T X X | $\frac{4}{4}$ TX TX X T | $\frac{2}{4}$ X X X | X X T |

结束句
X X T | TX TX | $\frac{4}{4}$ X X X 0 | X T T X :|| $\frac{2}{4}$ XX TX | X X | $\frac{4}{4}$ XX TX X 0 ||

8 下调儿 $\frac{3}{4}$、$\frac{2}{4}$、$\frac{4}{4}$拍

$\frac{3}{4}$ X X X | T T X ||: $\frac{2}{4}$ TX TX | $\frac{3}{4}$ X X X | $\frac{2}{4}$ TX TX | $\frac{3}{4}$ X X X | TX TX X |

[1. 结束句
T T X | TX TX X | TX TX X | TX TX X | T T X :|| TTT X |

TX TX X | TX TX X | $\frac{2}{4}$ T X | TX TX | $\frac{3}{4}$ X X X | $\frac{4}{4}$ TX TX X 0 ||

六、花钹大鼓

9 三钹起鼓 $\frac{3}{4}$、$\frac{2}{4}$、$\frac{4}{4}$拍

$\frac{3}{4}$X X X | T T X ‖: $\frac{2}{4}$ TX TX | $\frac{4}{4}$ X X X 0 | X X X 0 |

$\frac{2}{4}$ X 0 | X 0 | X X | X X | *1.* X 0 | T T |

结束句
X 0 :‖ $\frac{4}{4}$ X T T T X | $\frac{2}{4}$ TX TX | $\frac{3}{4}$ X X X | $\frac{4}{4}$ TX TX X 0 ‖

注：第5至9鼓点 ‖: :‖ 之间可根据需要N次反复，需结束时则跳过 *1.* 接结束句即可。

74 中国多民族非遗传统舞蹈之节奏与应用（一）

七、京西太平鼓

（一）历史文化背景

京西太平鼓，北京市门头沟区民间舞蹈。2006年被列入第一批国家级非物质文化遗产名录。

太平鼓是北京流传很广的一种民间舞蹈。历史上曾遍布京城内外、大街小巷，至今在门头沟、石景山、丰台、海淀、房山五个区仍十分活跃。门头沟区主要分布在门城镇、妙峰山、军响、军庄乡一带；石景山区流传在五里坨、模式口、麻峪、北辛安、刘娘府、古城、衙门口等村；丰台区主要在卢沟桥以西，长辛店、王佐两个乡；海淀区则在苏家坨、上庄、北安河以及香山附近。康熙时纂修的《宛平县志》载："元宵前后，金吾禁弛，赏灯夜饮，火树银花。星桥铁锁，殆古遗风云。民间击太平鼓、跳百索、耍月明和尚。"上述五个区正是历史上宛平县所辖地区。[1]

北京的太平鼓不仅流传广泛，而且历史悠久。在魏晋时期出现了一种"鞞舞"，舞者手中拿的是一种单面鼓。唐朝武则天时期，皇宫里的宫女开始把打太平鼓作为一种娱乐。元朝时期崇尚佛教，北京庙会盛行，太平鼓得到了进一步的发展。据明人刘侗、于奕正《帝京景物略》载："童子挝鼓，傍夕向晓，曰太平鼓。"[2]可见北京的太平鼓明代已有流传。入清后更为盛行，乾隆时汪启淑著《水曹清暇录》记："内外城皆尚击太平鼓，盖以铁条作腔，糊茧纸用箸击之，缀铁连钱，随击随摇，铮铮有声，新岁尤甚，在处闻鼕鼕。"[3]

太平鼓名字的由来：一、为取"太平"的美好寓意，人们通过舞蹈表达对繁荣昌

---

[1]（清）汪启淑撰：《水曹清暇录》，第八卷，第14页。
[2] 中国民族民间舞蹈集成编辑部编：《中国民族民间舞蹈集成北京卷》，中国ISBN中心1992版，第47页。
[3] 中国民族民间舞蹈集成编辑部编：《中国民族民间舞蹈集成北京卷》，中国ISBN中心1992版，第47页。

盛、安居乐业的向往。二、太平鼓有间打间唱的形式，唱曲的曲调是"太平年"。

太平鼓主要是群众自娱性的民间舞蹈，解放前多为妇女儿童所打。旧社会妇女受封建礼教的束缚，平时大门不出、二门不迈，只盼到年底玩玩太平鼓为乐。后来才逐渐有男的跳太平鼓。每年一进腊月，傍晚时分，城市的庭院街头，农村的村头场院，鼓声咚咚，歌声悠扬。远近邻里闻声而至，不论年龄大小，辈份高低均可一起玩鼓，尽情尽兴、畅快自由。据门头沟老艺人阎锡青（1913年生）、张玉茹（1923年生）回忆："老北京一进腊月门儿，制做太平鼓的手艺人就走村串户修鼓圈，蒙鼓皮，家家都做鼓，天天都玩鼓，一玩就是冬三月，二月二就挂起鼓来不许玩了。"关于二月二后不再玩鼓的习俗，旧时有一些迷信说法：如"二月二龙抬头再玩鼓就要下雹子"，"易闹鬼、闹贼，不得安宁"等等。实际是春耕开始，即将进入农忙季节，怕影响了农活。抗日战争期间，受环境影响，太平鼓在门头沟几乎没人打了，直到1949年为了庆祝中华人民共和国成立，门头沟人民在参加欢庆游行的时候又打起了太平鼓。

图1　京西太平鼓表演

（二）表演形式

京西太平鼓是一种有柄的单面鼓，形如蒲扇，鼓圈用铁条砸制而成，鼓柄下盘成"葫芦"形，并缀有小铁环，鼓面用羊皮或牛皮纸蒙之，鼓鞭用藤条制成。最早的鼓皮都是原色，后来为了美观，在鼓面画上牡丹花，鼓鞭装饰上彩绸。击鼓时左手握鼓柄，右手持鼓鞭，边击边摇、上下相应，鼓声和环声发出清脆的连响，声音悦耳，节奏和谐。太平鼓既是舞蹈的道具，又是舞蹈的伴奏乐器。

京西太平鼓表演形式有两种：

1 边打边舞。表演者既是鼓手也是舞者，随着不同套路鼓点扭出不同的舞蹈动作，鼓点和舞蹈组合是一致的，不同的鼓点形成不同的舞蹈组合，不同的舞蹈组合又使鼓点显得丰富多变，从而形成视觉与听觉的和谐统一。

京西太平鼓流传至今的套路共十余套，有大搧鼓、小搧鼓、圆鼓、圆鼓接拉抽屉、追鼓、摇头跪、斗公鸡、串胡同、四方斗、扑蝴蝶等。一般都是成双成对打鼓。

图2　京西太平鼓

大搧鼓主要是男性跳，往往是表演中的高潮部分，动作奔放热烈。男性跳太平鼓的"刨劲儿"和"艮劲儿"在这个动作中都能展现出来。

小搧鼓主要是女性跳，动作优美、轻巧灵动，颇具美感。

追鼓是两人一组，你追我赶。鼓面朝上，鼓点由快到慢或由慢到快，一个人先出场，后面的人追前面的人，鼓点一变化，前面的人反过来追后面的人，带着一种我要把你追没劲的感觉，两人边追边舞。

串胡同是脚下走8字，两队人走S形，相互穿插。

摇头跪的动作很俏皮，左腿半蹲，鼓面向前，边摇边击，头随着鼓的动作左右摇摆。

四方斗是四个人站在四个方位，四角相对，边穿插跑动边击鼓。

圆鼓是舞鼓的时候手持鼓绕着身体圆着转。

2 间打间唱。当地艺人叫"唱绳歌儿"（或作"唱神歌"），唱曲多系地方民间小调，方法是打一通鼓点，唱一段曲儿，一人或几人唱，大家听。一般在地头、炕头就可演唱，先唱一段序曲儿，如"樱桃好吃树难栽，要听绳歌儿你送茶来"。然后打一通鼓点，接唱正式曲牌。唱故事、传说、典故等，亦可借景抒情、即兴演唱、出口成章。

京西太平鼓的风格特点是舞蹈性强，节奏欢快，动律流畅，幅度较大。妇女耍鼓娴熟平稳、妩媚多姿；男性耍鼓刚劲有力，洒脱奔放。一般老年男性艺人，鼓点打的铿锵有力，舞步稳健；老年妇女打鼓，好嬉逗玩耍，鼓点清脆，腰肢委婉。而青年男

七、京西太平鼓

女打鼓，则鼓点流畅，动作活泼、窜蹦跳跃、朝气蓬勃。不同年龄、性别的人打出鼓来虽然风格不同，但基本动律是一致的。老艺人认为太平鼓打的好是"要看鼓缠人，不要人缠鼓"（即耍鼓的幅度要大，显鼓不显人）。"脚下要见高不见远"（即脚要抬的高，落地近、步子小），这正是由于过去妇女缠足而形成的特点。总之舞起来都有"扭劲""搧劲""颤劲"和"艮劲"。

（三）音乐节奏特点

1 音乐特点

京西太平鼓没有伴奏音乐，有"鼓点"和"唱曲"。太平鼓的鼓点分单鼓点和双鼓点。单鼓点以四分音符为主，如圆鼓点等，节奏平稳，力度对比鲜明。双鼓点则以八分音符和十六分音符为主，间有八分休止符出现，如大搧鼓点等。这种密集型的节奏组合，多以表现舞者刚劲有力、热烈而洒脱的舞姿，明快而跳跃多变的节奏，使太平鼓音乐充满朝气和妙趣。一种鼓点可以配合不同套路的表演。

"唱曲"又称"唱绳歌"或"唱神歌"，各地叫法不同，演唱方法均大同小异。可间打间唱，也可独立演唱。音乐以地方民间小调为主，唱词一般以历史传说、典故、时令花草、叙事为主。一曲可配多词，词曲朴实易于上口，具有浓郁的生活气息，深得人民喜爱。

2 节奏特点

京西太平鼓的"鼓点"主要有七个，大搧鼓点、小搧鼓点、圆鼓点、圆鼓接拉抽屉、追鼓点、扑蝴蝶、摇头跪，节奏为 $\frac{2}{4}$ 拍。"唱曲"以 $\frac{2}{4}$ 拍为主，也有 $\frac{2}{4}$、$\frac{3}{4}$ 拍。

大 搧 鼓 点

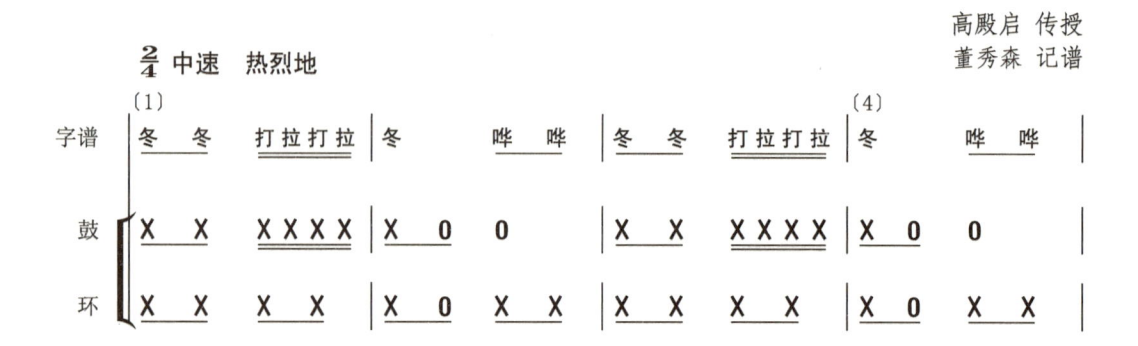

高殿启 传授
董秀森 记谱

$\frac{2}{4}$ 中速 热烈地

字谱	冬 冬	打拉打拉	冬	哗 哗	冬 冬	打拉打拉	冬	哗 哗
鼓	X X	XXXX	X 0 0		X X	XXXX	X 0 0	
环	X X	X X	X 0 X X	X X X X	X 0 X X			

〔1〕 ... 〔4〕

小掦鼓点

阎锡青 传授
董秀森 记谱

圆 鼓 点

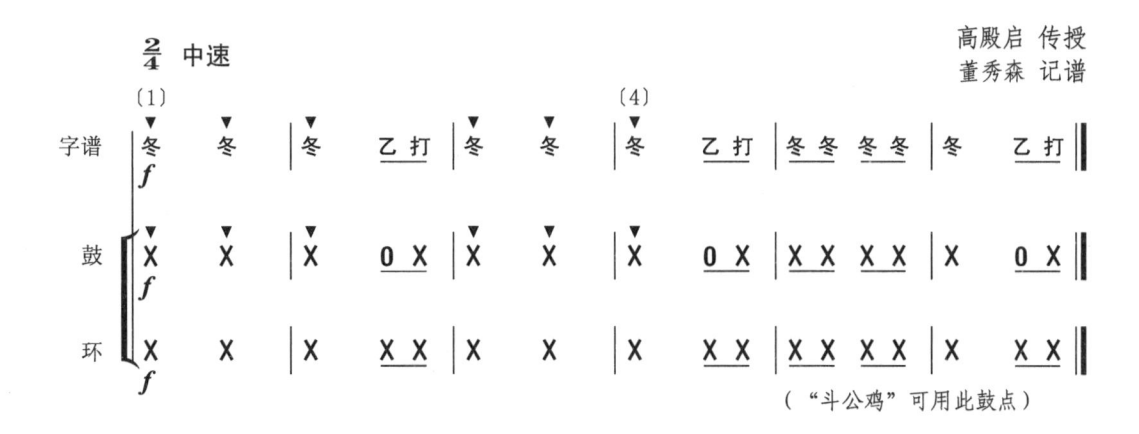

高殿启 传授
董秀森 记谱

（"斗公鸡"可用此鼓点）

七、京西太平鼓

圆鼓接拉抽屉

$\frac{2}{4}$ 中速

字谱	冬 冬 | 冬 乙打 | 冬 冬 | 冬 乙打 |
鼓	X X | X 0 X | X X | X 0 X |
环	X X | X X X | X X | X X X |

冬冬 冬冬 \| 冬 冬 0 \| 冬冬 乙打 \| 冬 哗哗 ‖
X X X X \| X X 0 \| X X 0 X \| X 0 ‖
X X X X \| X X \| X X 0 X \| X X X ‖

（"四方斗"可用此鼓点）

追 鼓 点

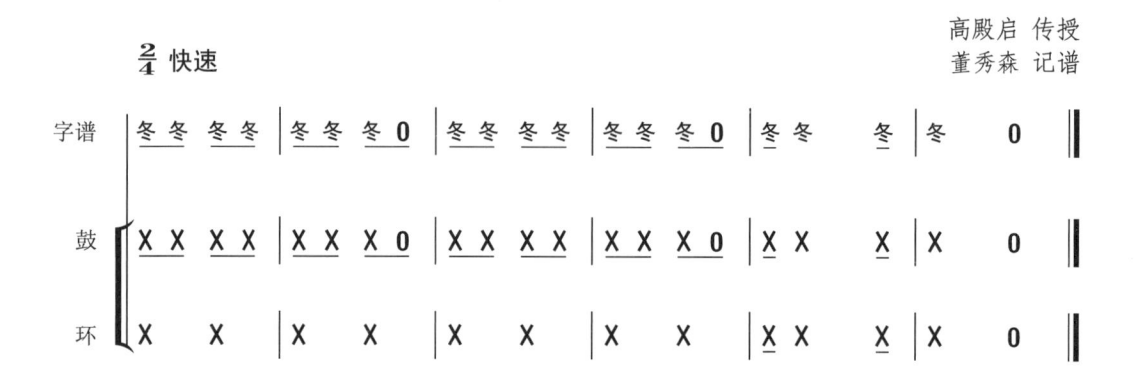

高殿启 传授
董秀森 记谱

$\frac{2}{4}$ 快速

| 字谱 | 冬冬 冬冬 \| 冬冬 冬 0 \| 冬冬 冬冬 \| 冬冬 冬 0 \| 冬冬 冬 \| 冬 0 ‖
| 鼓 | X X X X \| X X X 0 \| X X X X \| X X X 0 \| X X X \| X 0 ‖
| 环 | X X \| X X \| X X \| X X \| X X X \| X 0 ‖

扑 蝴 蝶

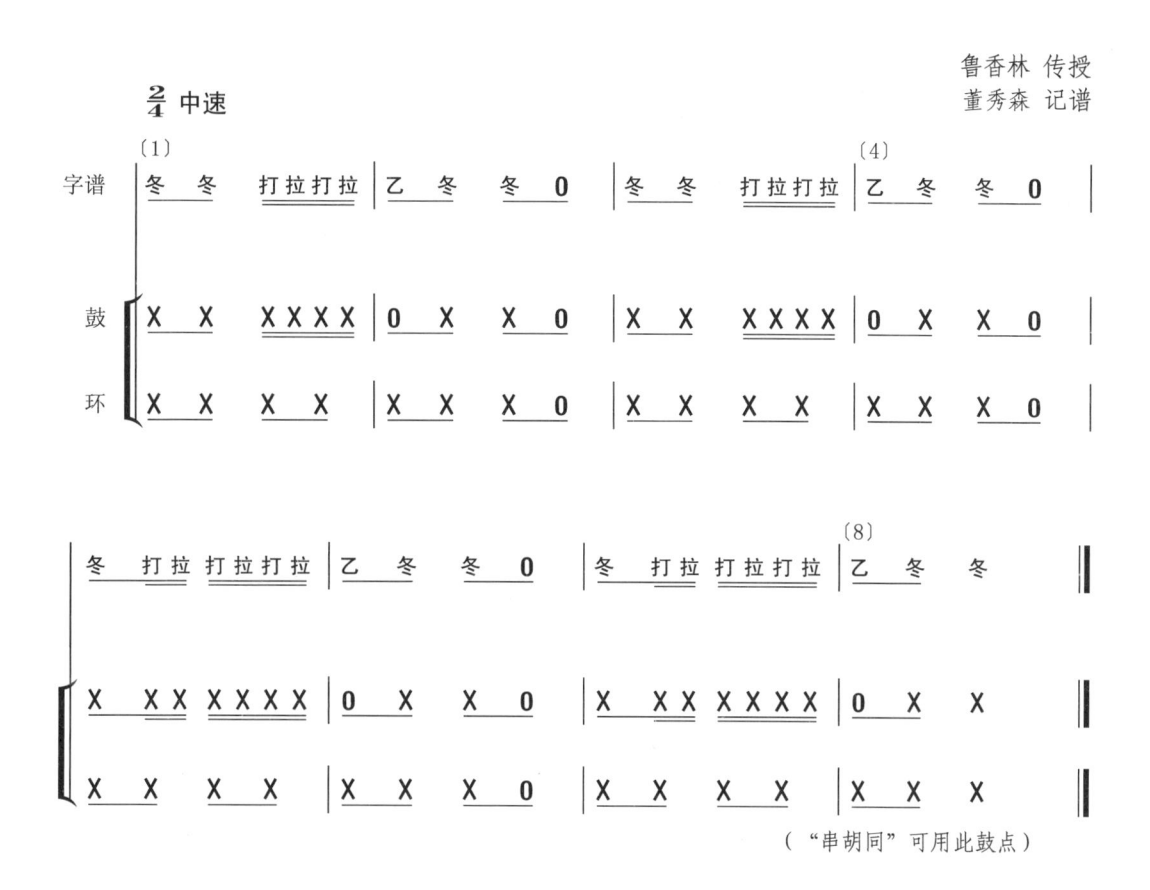

鲁香林 传授
董秀森 记谱

摇 头 跪

张玉成 传授
海倩雯 记谱

("串胡同"可用此鼓点)

七、京西太平鼓

绳 歌 儿【序儿】

李全有 传授
海倩雯 记谱

七、京西太平鼓

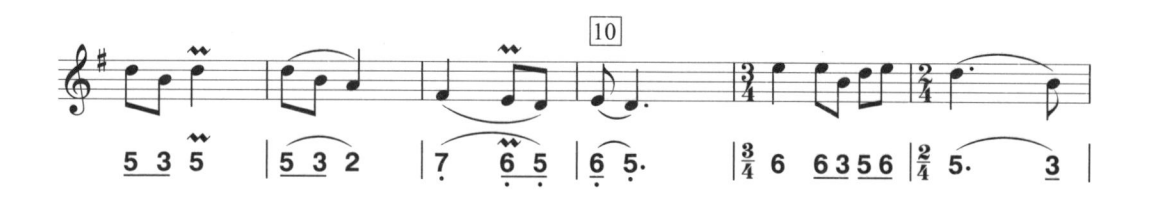

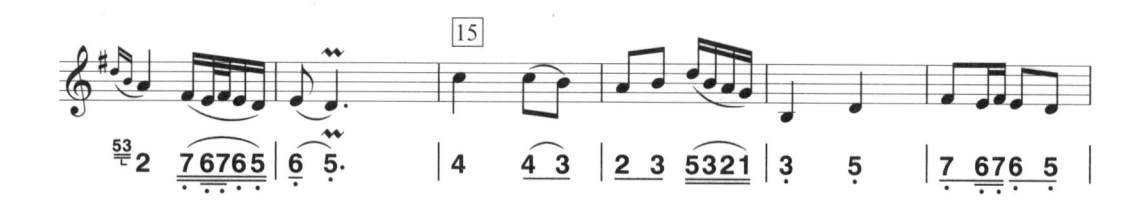

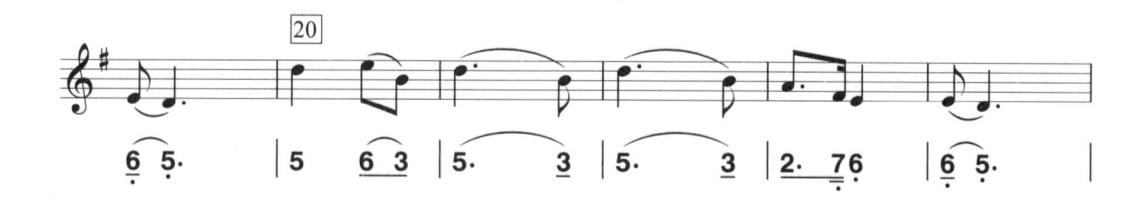

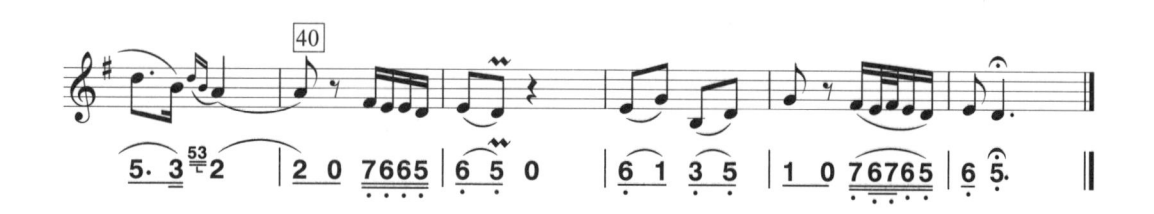

八、太子务武吵子

（一）历史文化背景

太子务武吵子是北京市特有的传统民俗舞蹈之一，集音乐与武术、舞蹈于一体，在文吵子基础上发展起来的一种击钹而舞的表演形式。2014年被列入第四批国家级非物质文化遗产代表性项目名录。

吵子会又称献音老会或献香老会，是我国北方民间会档儿中的主要会种，属民间吹打乐，曾经在京郊各个区县广为流传。这种会档儿使用的乐器主要有铙、镲、堂鼓、海笛、铛子等，表演时多是定点，即演员在场地中间站立不动地演奏。由于这种旧有的演奏形式比较呆板，观众对吵子的表演欣赏度不太高，故民间有"吵子不好学（北京方言音 xiáo），学出来没人瞧"的顺口溜。吵子最早是指这种没有什么动作表演，就是演奏一些传统曲牌的文吵子。

太子务武吵子产生于清乾隆年间，村民张鸿儒自幼爱好习武，村里有一个在宫内当差的人见这孩子资质颇佳，觉得如果加以调教必定是个武学奇才，便将张鸿儒带进皇宫在后厨当差。张鸿儒借此机会偷偷向乾隆的武术老师学习武功。白天老师教授乾隆武功，张鸿儒便在后厨干杂役，等到晚上老师回到住处了，他便上门请求老师教他武功。日复一日，老师被这孩子学武的诚心所打动，便将自己所学的武功一一传授给张鸿儒。经过几年的苦练，最终张鸿儒练成了"风摆柳""八步踏水""八旋拳法"等功夫。相传他的轻功十分了得，遇到河流需要渡河的时候，将八根高粱秆扔在水里，脚点着高粱秆就轻轻松松过了河。后来乾隆得知宫内有这样一个苦学武功的奇才，还赐了一面龙旗给他。清雍正五年（1727年），张鸿儒21岁的时候，因为厌倦了宫廷的明争暗斗回到了家乡。回村后的张鸿儒凭借一身武艺开设得胜镖局，并将武功授予他的徒弟，自此之后太子务村习武之气蔚然成风。张鸿儒在宫内学武期间，与一名同村出身在宫里当差的孙姓太监关系甚好。孙太监抄写了宫里的乐谱带回村里，乐曲总称《紧六通（tòng）》，单曲有《海青歌》等，所抄乐谱都是为皇帝表演助兴所用的乐谱。

张鸿儒把乐曲用作少林会表演时的伴奏，演奏时结合武术中的动作。开始是一个人自打，后又结合武术套路二人对打，这些表演套路形成了后来的武吵子。[①]太子务武吵子会成立于1727年。当地百姓对武吵子的评价是："太子务吵子不用瞅，出门就是风摆柳"。

（二）表演形式

吵子会表演形式有文吵子和武吵子两种，文吵子以吹打乐为主，注重的是乐器的吹打。所用的乐器主要有鼓、镲、锣、海笛等；武吵子以表演为主，边打击各种乐器边表演各种武术动作。

太子务武吵子分为表演队伍和乐队两部分，表演队伍每人手里一副大镲，表演人数为双数。乐队一般只奏不舞，因此他们的位置在表演中比较固定。武吵子的乐队队形一般以鼓为中心，小镲、镗在两侧，海笛（唢呐）随其后，所吹曲牌以海笛为准。

太子务武吵子表演时根据场地大小来确定表演队形，在一般的走街活动中，如果道路比较狭窄则列两路纵队，会头执会旗在前，香头在后，另外两名会员高举门旗，其后是武吵子表演队伍，后面是乐队。如果街道较宽，则排成四路纵队行进。乐队队形一般为两面大锣在前，其后是大镲、钹、鼓、小镲等，最后是海笛。

在比较正式的表演中，太子务武吵子的表演队形按曲牌的不同而发生变化。

比如表演《小金山》时，入场分两队，进场以后会头用令旗指挥队伍以"二龙吐珠"的路线变成横列的两排，其后根据曲牌节奏可以变成四队对击；而《文朝凤》开场则是由一队表演者站在另一队表演者的肩上做"节节高"的动作，以这个队形绕场一周后，上面的演员跳下来，改为前后两排继续表演；《前朝凤》则是表演者分为前、后两排，开场时前排表演者先手摁地下蹲，海笛一响，后排人踩上前排人的背上翻过去。武吵子的表演队形有各种变化，可组成二人、四人或多人组合，也可结成双排、四排或多排队列。

1 表演顺序：乐队先来一段"起通"作为前奏，然后在走街的过程中吹快曲《杏花红》《龙虎斗》《万年花》等，在撂档（撂档表演一般有两种：一种是临时性，即在走街的过程中由百姓临时摆出茶桌，吵子会在茶桌前暂停，进行表演；另一种是固定性，不同于走街的流动性，而是在固定的地点进行表演，表演的动作一般比较激烈，是武吵子表演的精华）的时候一般改为慢曲《文朝凤》《武朝凤》《小金山》等。最后

[①] 赵玉良：《太子务武吵子》，北京出版集团公司北京美术摄影出版社2017版，第37页。

都是以"收通"作为结束。

2　太子务武吵子的基本动作有一人独舞、两人对打、三人蹬蹯和四人穿插等，基本上围绕着击镲为主。

击镲有许多种形式。首先需要亮镲，亮镲有几种常见的方法。

站立亮镲：其动作要领为双手持镲合于胸前，将镲推至头顶再向外翻，然后瓮口向上继续上推，如此反复。

跐脚亮镲：其动作要领为双腿微蹲，手持镲瓮口向内，双腿跐起的同时将镲上推至头顶，迅速外翻后再快速下蹲收镲，如此反复。

移动亮镲：双腿站成马步并左右平移，与此同时，将双手的镲上推至头顶，外翻并摇动双镲。

击镲方式有：错镲，两人相对而立，按步法在交错而过的过程中击镲；对镲，两人向对方跨出一脚，两脚相抵而立然后对击；捞镲，表演者身体前倾下蹲，重心向下，在小腿侧击镲后迅速对镲而起再分开；以及双对镲、背后对镲等形式。

3　太子务武吵子的特有动作是表演者伴随着鼓乐表演蹬蹯、蹦蹯、对打、节节高、金鸡斗亮扇、翻身打、苏秦背剑、就地十八滚、舞翻、铁树开花、劈头盖顶、海底捞月、金字塔等。"苏秦背剑"、"海底捞月"，这都是从少林武术动作演化而来。

图1　四人蹬蹯　　　　　　　　图2　海底捞月

蹬蹯：一般是两人并排，分别屈左右膝相抵，另一人踩二人大腿而上。第四人在下与底下两人对击，上面的表演者则需要保持直立并切镲。

节节高：一个人站在另一个人的肩上，站在上面的人还能稳稳当当地打着镲，在队伍中间走上一圈。

金鸡斗亮扇：两人相对，在对击的过程中左右平移运动，并摇晃手中的镲。

苏秦背剑：两人对击时，一人右脚向前跨半步，随后左转身半圈，同时右镲经头上边翻过再落至腰部背镲，与此同时，另一人转身以右镲击对方背镲。

就地十八滚：两人对击时，一人在地上做翻滚而后跃起对击。

海底捞月：两个人在脚底下抄着由下向上打的动作，是舞起来时的一个大动作。

金字塔：每排以9、7、5、3、1个人由多到少的顺序依次相互踩着腿一层一层地向上排，踩好蹬稳后按照乐曲节奏开始击镲。

4 太子务武吵子的民俗活动：主要有除夕夜和正月十五的"走街"以及参加四月初八的庙会。

武吵子会在大年三十晚上进行"走街"表演，一般是在19点集合，用"唪头"来召集会员。会头（太子务武吵子的最高领导者）整理好队伍，整个武吵子便可以出发了。武吵子围着村子行走一周基本需要两三个小时。一般到24点时走街表演就接近尾声了，这时炮竹响起，在一片欢乐的氛围里，武吵子会员们聚在一起交流表演情况而后各自回家拜灶王，除夕夜的活动基本到此结束。

正月十五的走街活动和除夕夜的活动相似，但是由于是满月之时，所以绕经的路线要按照月亮盈缺的顺序逆时针进行。

四月初八武吵子要去村里的药王庙拜庙，在广场上参加庙会活动。

武吵子由于动作多，手里拿的镲又比较重，最早都是男同志在表演，改革开放后才有了女同志加入到武吵子的队伍中。

（三）音乐节奏特点

1 音乐特点

太子务武吵子是先有音乐、钹眼（击一下钹叫一个钹眼），后根据钹眼编排动作。因此，它的动作都是成套的，基本上是一个曲牌一套动作。而每套动作又是由几个固定的钹眼组成，是夹在乐曲中间进行的。比如"金鸡斗亮扇""就地十八滚""节节高"，这些都是在《文朝凤》曲子里用到。"劈头盖顶""海底捞月"是用在《前朝凤》曲子里。

乐队在武吵子队伍里起着至关重要的作用，既是音乐伴奏，又用来统一节奏。武吵子使用的乐器有：海笛、镋、鼓、钹、大镲、小镲等。其中镋，又名"趟"，是一种独特的打击乐器，它由上大下小两个铜锣中间用皮绳穿起而成，大的直径约14厘米，发音"斗斗"；小的直径约10厘米，发音"当当"。镋在伴奏中有着特殊的音响效果，起到控制速度的作用。

图3　哞头

图4　镗

另有两个道具类的乐器。其中一个是被称为“大筛”的大锣。这种大锣直径80厘米，铜制，演奏时由两个人抬着，后面一人拿锣槌击打锣面，类似于古代官员出行的鸣锣开道。

另一个是“哞头”，这种乐器长40厘米左右，筒状，前粗后细，铜制，类似于喇嘛使用的长号，声音低沉，传递的距离较远。这种乐器的作用是呼唤队员来参加活动。

海笛在太子务武吵子音乐中起着主导和提示的作用。海笛吹奏时，不做舞蹈动作，海笛停则动作起。海笛吹奏不同曲牌的乐曲，队员们表演相应的动作。镲的演奏者同时也是舞蹈演员，演员双手持镲舞出各种动作。

太子务武吵子原有乐谱一百余首，现存七十余首。现存的传统曲牌有《前朝凤》《文朝凤》《武朝凤》《开山虎》《小金山》《大过楼》《千声佛》《龙虎斗》《龙王赞》《豆叶黄》《柳叶锦》《柴秧歌》《杏花红》《柴梆子》等。同一首乐曲在不同乐班的演奏与传承中，曲名、节奏、调式上或多或少都会发生变化，如《雁过南楼》又叫《大过楼》《小过楼》《出塞过楼》等。

武吵子曲牌记谱用的是工尺（chě）谱。工尺谱是中国汉族传统记谱法之一。因用工、尺等字记写唱名而得名，源自中国唐朝时期，后传至日本、越南、朝鲜半岛、中国琉球等汉字文化圈地区，属于文字谱的一种。

一般用合、四、一、上、尺、工、凡、六、五、乙等字样作为表示音高（同时也是唱名）的基本符号，可相当于sol、la、si、do、re、mi、fa（或升Fa）、sol、la、si。同音名高八度，则可将谱字末笔向上挑，或加偏旁亻。反之，同音名低八度，则可将谱字的末笔向下撇等。

工尺谱的节奏符号称为板眼。一般板代表强拍，眼代表弱拍，共有散板、流水板、一板一眼、一板三眼等形式。散板就是自由节奏；流水板是每拍都用板来记写，一般是$\frac{1}{4}$的节奏。有实板与腰板两种形式：实板是指与乐音同时打下的板，腰板则是在乐音发出前或后打下的板；一板一眼就是一个板与一个眼合成的$\frac{2}{4}$节拍；一板三眼就是一个板和三个眼合成的$\frac{4}{4}$节拍；

《豆叶黄》工尺谱

五尺一四合一四仓灯仓各仓仓仓.

五尺一四合一四呀尺六尺工尺六

尺工、工六五尺哇五六工呀尺六尺工.

尺|.合一四一尺上一五哇五六

工呵尺六尺工.工五六工五六

工六五工五六｜.工尺的尺、

工尺的尺、工尺正五正

五.工六工、工尺上工尺正

五六、工六五一尺五、尺一

尺|.尺工尺|、一五六|||.尺工尺一

五工尺||| 、尺工尺尺一

的尺、尺工尺一五六

2 节奏特点

武吵子曲牌分为慢曲和快曲，节奏为$\frac{4}{4}$或$\frac{2}{4}$拍。

$\frac{4}{4}$拍：《前朝凤》《文朝凤》《小金山》《大过楼》等为慢曲。

$\frac{2}{4}$拍：《杏花红》《龙虎斗》《豆叶黄》《武朝凤》等为快曲。

鼓点：

$\frac{2}{4}$拍：正三钹、错三钹、正五钹、正七钹、收通、单钹、搭拉音、铛啷。

$\frac{2}{4}$、$\frac{3}{4}$拍：反五钹、反七钹、起通。

起通（前奏）

1=C 2/4 3/4　　　　　　　　　　　　　　　　　　　　　刘　艮　记谱

X. XX ｜X　XX｜X XXXX｜X XX OXX｜X XXXX｜X XX OXX｜

X XXXX｜X XXXX｜XX XXXX｜XXXX XX｜X XXXX｜3/4 X XX OXX X ‖

收　通

1=C 2/4　　　　　　　　　　　　　　　　　　　　　　　刘　艮　记谱

X. XX ｜X　XX｜X XXXX｜X XX OXX｜X XXXX｜X XX OXX｜X XXXX｜

X XXXX｜X XXX｜X XXX｜XXXX XXXX｜X X X｜X XXXX｜X　O‖

正　三　钹

2/4 中速

（起点）

字谱	0	登 崩	仓. 个 仓 登	仓 （登 崩） ‖
大鼓	0	X X	X. XXXX	X （X X） ‖
大钹	0	0	X　X	X （0） ‖
小镲	0	X X	0 X　0 X	X （X X） ‖
铛	0	X X	0 X　0 X	0 （X X） ‖

错 三 钹

$\frac{2}{4}$ 中速
（起点）

字谱	0	登 崩	仓 仓 乙个当	仓	（登 崩）
大鼓	0	X X	X XX 0 X X	X	(X X)
大钹	0	0	X X 0	X	(0)
小镲	0	X X	X X 0 X	X	(X X)
镗	0	X X	0 0 X	0	(X X)

正 五 钹

$\frac{2}{4}$ 中速稍快
（起点）

字谱	0	登 崩	仓. 个 当 当	仓. 个 当 当	仓. 个 仓 登	仓	（登 崩）
大鼓	0	X X	X. XX X X	X. XX X X	X. XX X X	X	(X X)
大钹	0	0	X 0	X 0	X X	X	(0)
小镲	0	X X	0 X X 0	X X 0 X	0 X	X	(X X)
镗	0	X X	0 X X 0	X X 0 X	0 X	X	(X X)

八、太子务武吵子

反 五 钹

		(起点)			
字谱	0	登崩	$\frac{3}{4}$ 仓 仓 乙个当 仓	$\frac{2}{4}$ 仓.个 斗斗 仓	(登 崩)
大鼓	0	X X	$\frac{3}{4}$ X XX 0XX X	$\frac{2}{4}$ X. XXX X	X (X X)
大钹	0	0	$\frac{3}{4}$ X X 0 X	$\frac{2}{4}$ X 0 X	(0)
小镲	0	X X	$\frac{3}{4}$ X X 0 X X	$\frac{2}{4}$ X. XXX X	(X X)
镗	0	X X	$\frac{3}{4}$ 0 0 X 0	$\frac{2}{4}$ 0 X X 0	(X X)

正 七 钹

$\frac{2}{4}$ 中速稍快

		(起点)						
字谱	0	登崩	仓 仓	仓 仓	仓 仓	仓.个 斗斗	仓 0	
大鼓	0	X X	X. XXX X	X. XXX X	X. XXX X	X. XXX X	X 0	
大钹	0	0	X X	X X	X X	X X X	0 X 0	
小镲	0	X X	0 X 0 X	0 X 0 X	0 X 0 X	0 X 0 X	X X X	
镗	0	X X	0 X 0 X	0 X 0 X	0 X 0 X	0 X 0 X 0	X X 0 0	

中国多民族非遗传统舞蹈之节奏与应用（一）

反 七 钹

单 钹

八、太子务武吵子

搭 拉 音

$\frac{2}{4}$ 中速

（起点）

字谱	0	斗 斗	仓 （当 当） ‖
大鼓	0	X X	0 （X X） ‖
大钹	0	0	X （0） ‖
小镲	0	X X	X （X X） ‖
镗	0	X X	X （X X） ‖

铛 嘟

$\frac{2}{4}$ 中速

（起点）

字谱	0	登 崩	当 当 乙 当 当	（登 崩） ‖
大鼓	0	X X	X XX 0 X X	0 （X X） ‖
大钹	0	0	0 0	0 （0） ‖
小镲	0	X X	X X 0 X X	（X X） ‖
镗	0	X X	X X 0 X X	（X X） ‖

柳 叶 锦

刘 艮 记谱

中速稍快

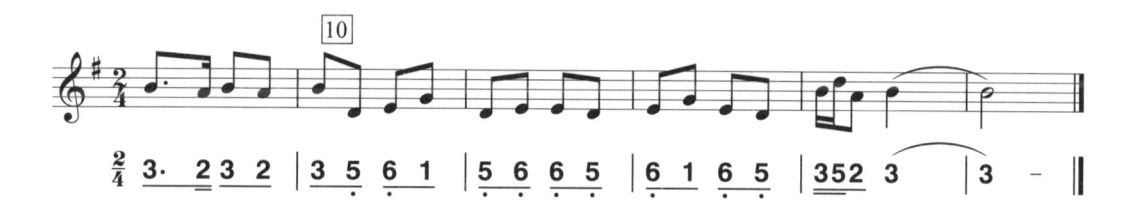

$1=G$ $\frac{2}{4}$ 2 3 5̇ | $\frac{3}{4}$ 6̣ 1 5 6 6 5 | $\frac{2}{4}$ 6̣ 1 6 5 | $\frac{3}{4}$ 352 3 2 1 6̣ |

352 1 6̣ 1 | $\frac{2}{4}$ 5 3 321 | 2 1 6̣ 1 | $\frac{3}{4}$ 5 3 321 6̣ | $\frac{2}{4}$

$\frac{2}{4}$ 3· 23 2 | 3 5̇ 6̣ 1 | 5 6 6 5 | 6̣ 1 6 5 | 352 3 | 3 — ‖

前 朝 凤

刘 艮 记谱

慢速

$1=G$ $\frac{2}{4}$ 7̣· 6̣ 7̣ 3 | 2· 5 | 7̣· 6̣ 7̣ 3 | 2· 5 |

7̣· 3 2 5 | 7̣· 3 2 7̣ | 5 5 3 2 | 7̣· 2 327̣ | 2 — ‖

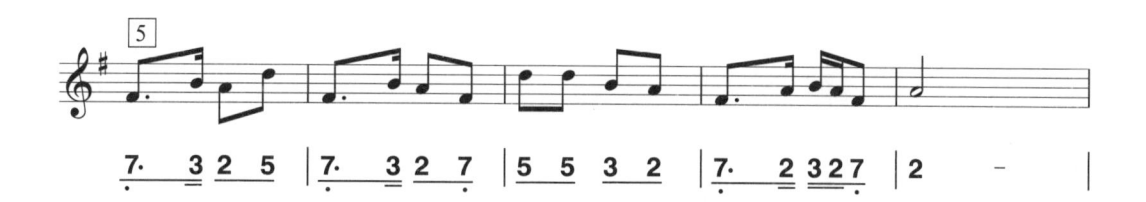

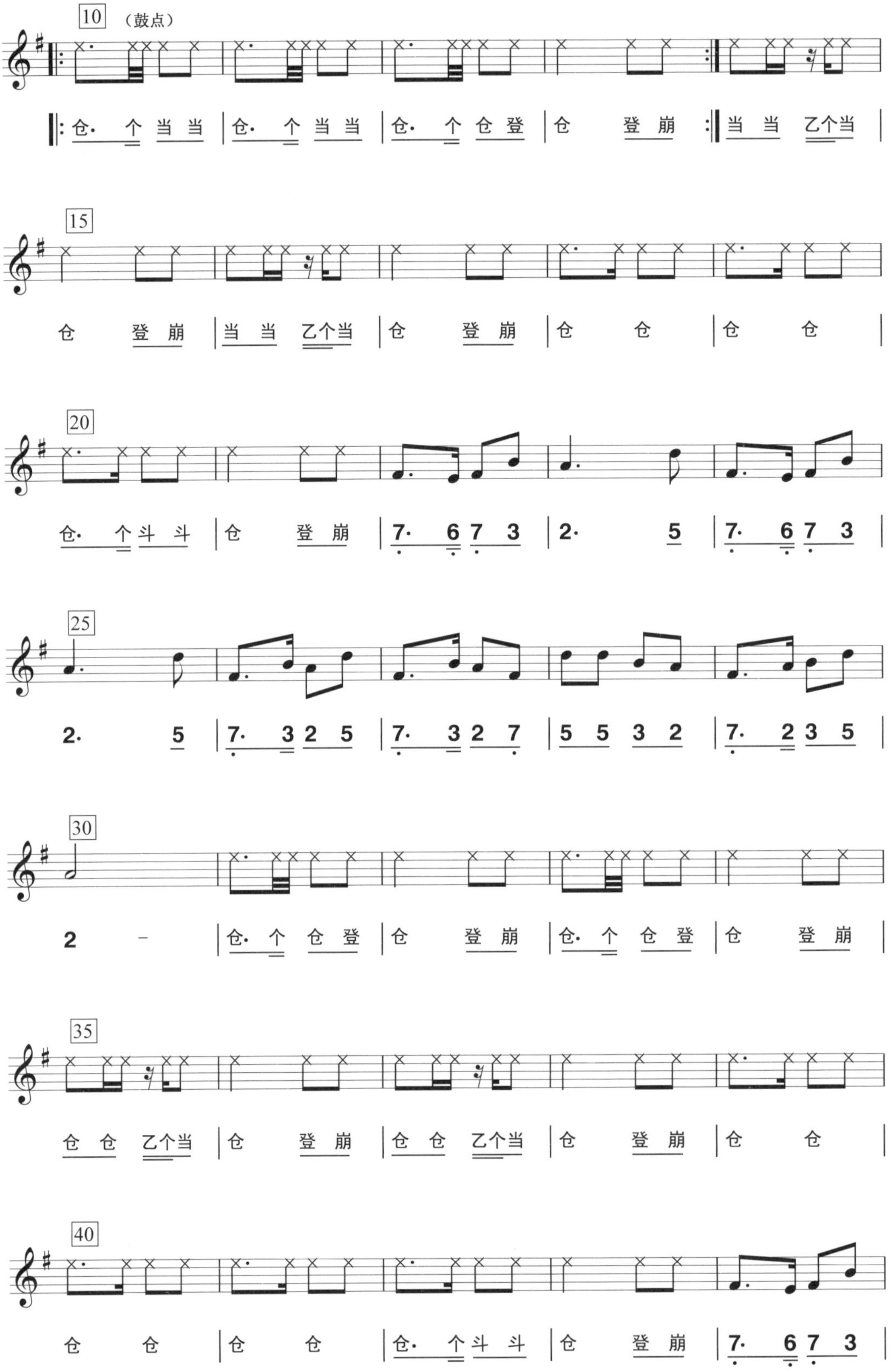
10 （鼓点）
仓· 个 当 当 | 仓· 个 当 当 | 仓· 个 仓 登 | 仓 登 崩 | 当 当 乙个当
15
仓 登 崩 | 当 当 乙个当 | 仓 登 崩 | 仓 仓 | 仓 仓
20
仓· 个 斗 斗 | 仓 登 崩 | 7· 6 7 3 | 2· 5 | 7· 6 7 3
25
2· 5 | 7· 3 2 5 | 7· 3 2 7 | 5 5 3 2 | 7· 2 3 5
30
2 – | 仓· 个 仓 登 | 仓 登 崩 | 仓· 个 仓 登 | 仓 登 崩
35
仓 仓 乙个当 | 仓 登 崩 | 仓 仓 乙个当 | 仓 登 崩 | 仓 仓
40
仓 仓 | 仓 仓 | 仓· 个 斗 斗 | 仓 登 崩 | 7· 6 7 3

八、太子务武吵子

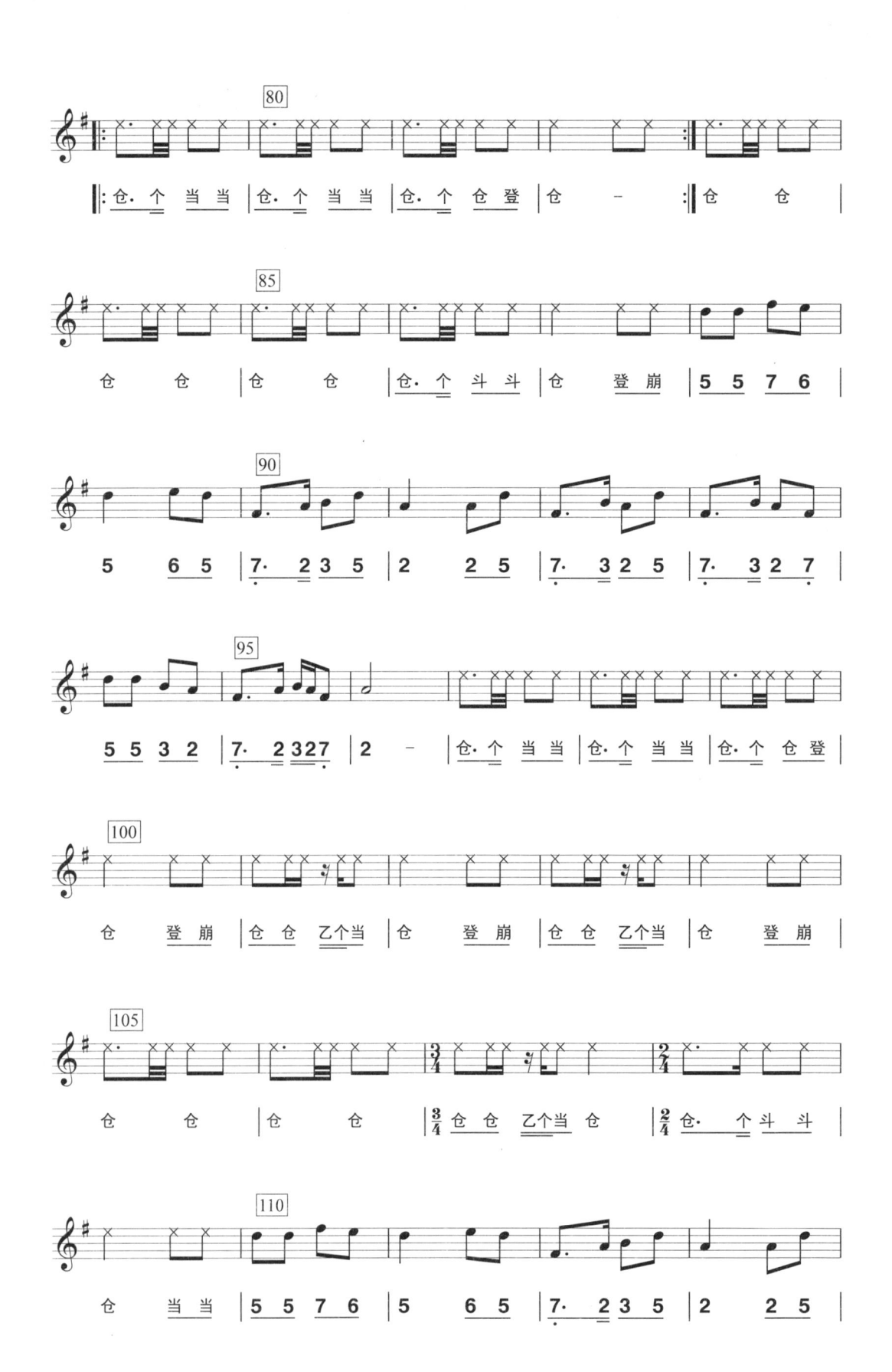

98　中国多民族非遗传统舞蹈之节奏与应用（一）

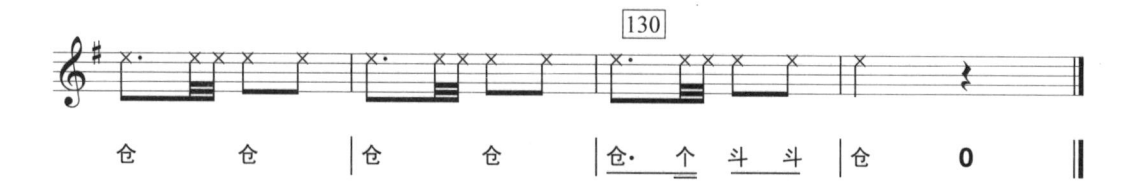

$\underline{\dot{7}\cdot}\ \underline{3\ 2}\ 5\ |\ \underline{\dot{7}\cdot}\ \underline{3\ 2}\ 7\ |\ \underline{5\ 5}\ \underline{3\ 2}\ |\ \underline{\dot{7}\cdot}\ \underline{2\ 3}\ 5\ |\ 2\ -\ |$

‖: 仓·个 当当 | 仓·个 当当 | 仓·个 仓登 | 仓 登崩 :‖

仓仓 乙个当 | 仓 登崩 | 仓仓 乙个当 | 仓 登崩 | 仓 仓 |

仓 仓 | 仓 仓 | 仓·个 斗斗 | 仓 0 ‖

八、太子务武吵子

豆叶黄

刘 艮 记谱

八、太子务武吵子

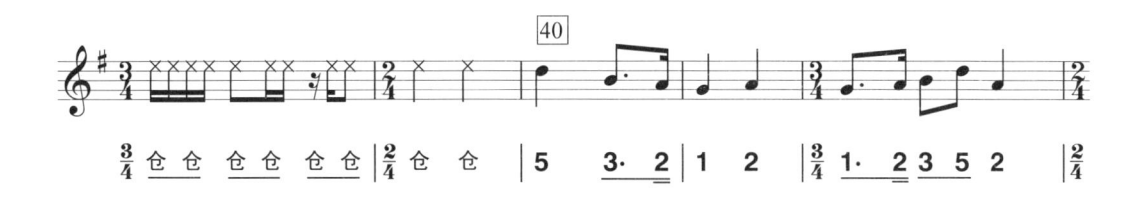

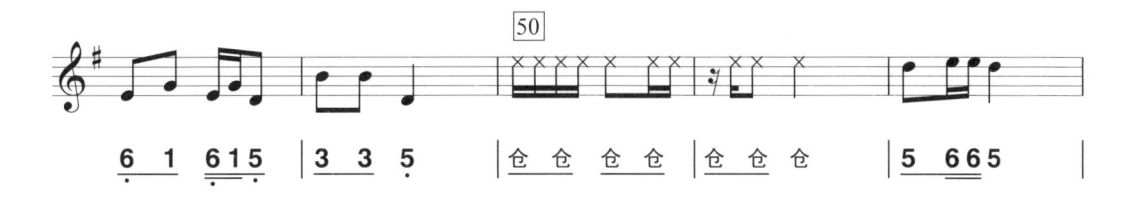

少数民族部分

九、达斡尔族鲁日格勒舞

（一）历史文化背景

"鲁日格勒"是达斡尔族具有代表性的民间舞蹈。它因地而异，有"阿罕伯""郎突达贝""哈库麦""哈根麦勒格"等几种不同的称谓。在内蒙古和黑龙江嫩江流域的达斡尔族聚居区，"鲁日格勒"是对其民间舞蹈的统称，多为妇女表演的自娱性舞蹈。"鲁日格勒"的汉语意思为"燃烧"或"兴旺"，因为表演时边舞边喊"罕伯、罕伯"，所以"鲁日格勒"又有"罕伯舞"之称。2006年被列入第一批国家级非物质文化遗产名录。

关于鲁日格勒的产生，据前清都统府的笔帖式（文书）敖德善（达斡尔族，生于1905年）介绍说：该舞蹈的最早来源与篝火有关，是人们在篝火旁产生的一种自然动态，进而形成为自娱性舞蹈。他曾说，"鲁日格勒的名称由达斡尔语'鲁日格'即'火焰升腾'（或'火焰燃起'）而来，后引伸出'跳起来'或'狂欢'等意"。敖德善之子毕力德（生于1926年）说："早年，每到夏末秋初，妇女们都要去鄂温克族自治旗西苏木东'雅克萨'山嘴之地进行集体采集活动。采集归来，妇女们围坐在篝火旁进餐，添柴翻野味之际吟起'乌春'（民间说唱），有时唱起《扎恩达拉》（民歌），当篝火炽热时，人们便围绕着升腾的火焰跳起了鲁日格勒。"[①]

达斡尔族于清末定居在嫩江两岸后，由于清政府的统治和直接影响，加速了达斡尔族社会的封建化过程。受封建道德观念的束缚，达斡尔族妇女在政治上没有任何权利，社会地位极其低下，平时既要参加繁重的劳动，还要伺候家人，只有在"阿聂"（春节）期间的初一至十五傍晚，料理完家务并得到父母或公婆的允许，姐妹们才能欢聚一堂，尽情歌舞。

---

① 中国民族民间舞蹈集成编辑部编：《中国民族民间舞蹈集成内蒙古卷》，中国ISBN中心1994版，第421页。

春节期间，男子们赛马、射箭、打曲棍球等，妇女们精心打扮，穿上绸缎长袍或做新娘时的盛装，头带绢花，足蹬绣花鞋，相约在一个宽绰的人家欢聚。为了不让男人看到，她们关门闭窗，济济一堂跳起鲁日格勒。观舞者围坐南、北、西三面连在一起的火炕上，舞者在炕下仅二、三平米的方形空地上轮番起舞。其内容除保留了在篝火旁的自然动态和模拟飞禽走兽粗犷、豪放的原始动作外，将妇女梳洗打扮等婀娜、优雅、细腻的生活内容也充分地表现在舞蹈之中。

此时，舞蹈必与民间祭祀活动请舞神"笊篱姑姑"一同进行，先进行请笊篱姑姑的仪式，然后与笊篱姑姑同舞。关于笊篱姑姑，当地有这样的传说：很久以前有位美丽的姑娘，因其能歌善舞而深得人们的喜爱。有一次过年煮饺子，她在去借笊篱回家的路上，不幸被冻牛粪绊倒死去。为了纪念她，把她封为舞神，每逢跳舞时便将画着姑娘头像的白布，包在笊篱上面，给"她"带上头饰，安上木腿，穿上华丽的衣服，然后将装扮好的笊篱带到西牛圈，人们祈求着："笊篱姑姑回来吧！回来和我们一起跳鲁日格勒吧！"然后把"舞神"笊篱姑姑带进屋里，由两位妇女扶着笊篱姑姑在桌上跳舞，笊篱随之东倒西歪地蹦跳着。她们边呼、边歌、边舞，有时会将笊篱姑姑的木腿跳折，直到三星移至西烟囱时，人们才尽兴而归。[①]建国后，迎笊篱姑姑的仪式已逐渐消失。

对于达斡尔族民间舞蹈，不同地区有不同的称谓：内蒙古莫力达瓦旗称"鲁日格勒"（Lurgiel），黑龙江省齐齐哈尔地区称"哈库麦勒"（Hakumail），内蒙古老海拉尔达斡尔族人称"阿罕拜"（Ahenbie），新疆塔城达斡尔族则称"贝勒贝"（Beilbei）。莫力达瓦旗把跳舞时唱的歌叫"鲁日格乌道"，齐齐哈尔地区则称之为"哈库麦勒呼苏菇"。传统的鲁日格勒和哈库麦勒以女子的参与为主，近现代以来偶有男子参与，当下"鲁日格勒"和"哈库麦勒"已经没有严格意义上的性别限制了。

（二）表演形式

"鲁日格勒"有比较清晰的"三段式"表演程式。

第一段"赛歌"：人们携手成圈边歌边舞，赛歌即是以歌为主，舞为辅。参加者协商选曲，可齐唱也可对唱，有问有答，有合有分，还有时即兴填词，比试智慧和歌唱的才华。舞者随着悠扬的歌曲缓缓移动双脚，做"滑拖步"或"拖拍步"。

[①] 中国民族民间舞蹈集成编辑部编：《中国民族民间舞蹈集成内蒙古卷》，中国ISBN中心1994版，第422页。

图1　鲁日格勒舞表演

第二段"对舞"：以舞为主，歌为辅。舞蹈动作丰富，舞姿优美，动作细腻，多为反映妇女生产劳动和生活的情态，如"提水""摘豆角""洗脸""照镜子""扎腰带"等。也有表现欢乐情绪和嬉戏的动作，如"双人拍手""提裙摆胯"等。此段多以呼号为节奏，有时也用"哈库麦呼苏姑"作为伴奏，如其中一首《农夫打兔》，歌词内容诙谐有趣，节奏轻松明快。以"双手提压腕"为主要贯穿动作，当唱到"差一指没打着"，和"搂柴禾""跑得快"等词时，做些模拟性动作，表演性较强。随着舞者情绪的发展，节奏由慢渐快，当舞者中年长者或有威望者握拳高举并高呼"达罕达"（达斡尔族的一种衬词）时，对方以同样的动作和呼号相应，以示赛舞开始。

图2　鲁日格勒舞（照镜子动作）

九、达斡尔族鲁日格勒舞

第三段"赛舞"：又叫"锵头奇"，举拳对打之意。这段舞蹈每两人为一组，动作激烈，情绪奔放，竞争性强，是全舞情绪发展的高峰。舞者左手叉腰，右手举拳挥舞，步子加大，呼号紧促，一声高过一声，两人进行激烈的比赛。当双方难解难分不分胜负时，第三人以同样动作插入两人中间，三人相互追逐，直到有一方赶不上动作节拍，或没跟上呼号的变换时为输，至此全舞结束。

鲁日格勒舞蹈动作：上身沉稳、身稍后仰、目视对方，胯随着步伐重心的移动向斜前顶出，左右交替摆动。动作优美、含蓄，表现了达斡尔族妇女温顺娴雅的性格。由于居住区不同，各地步法不尽相同，但顶胯摆动的特点是共有的。其风格特点可归结为：左右顶胯轻摆动，脚步拖地滑着行，双手压腕胸前舞，一呼一应声不停。

鲁日格勒有二十几个动作，一般以"拖步提压腕"开始，衔接"单竖手"动作，其它动作的先后顺序无严格规定。关于这两个动作的产生，民间有两种说法：有人说是人们在篝火旁活动时的一种生活动作。人们围绕着篝火，随着火苗的跳跃双手腕上下扇动，使篝火燃起，形成了双手下耷扣腕的姿态，当烟雾缭绕蜇人眼目时，为拨开烟雾人们自然将手举起，左右交替地在脸前由外向里扇动，于是形成了"单竖手"的动态。也有人说是模拟雄鹰的飞翔动作。达斡尔族喜爱并擅长跨着骏马、臂架猎鹰的放鹰活动，他们承袭祖先契丹人的遗风，将由山鹰训练而成的猎鹰称为"飞行猎人"。达斡尔族妇女由于封建婚姻带来的痛苦与不幸，渴望自由和幸福，因而每当看到雄鹰凌空自由翱翔时，便情不自禁地挥舞起双臂，模拟雄鹰展翅的动作，来表达和寄托她们的情思与希望。

"鲁日格勒"的脚下动作，不论快慢，均以"滑"或"拖"的步法走"∞"形路线。关于这种基本舞步的形成，也有两种说法。

1 草上行走说：达斡尔族的先民们多穿兽皮制做的"奇卡米"鞋（狍腿皮缝鞒，狍脖皮制底）或"斡洛奇"鞋（布底布勒（"布勒"即指鞋帮）或布勒皮底），在杂草丛生的山间从事生产劳动，鞋底在草上越磨越光，使人们必然拖着双脚蹚草而行。[①]

2 冰上行走说：达斡尔族一直生活在我国气候寒冷的北部边疆，捕鱼是达斡尔族多种经营的生产方式之一，他们在冰冻的江河上捕鱼时，光滑的冰面使人只能拖着双脚滑行，这种生活中的步伐经过舞蹈的美化，就成为"鲁日格勒"的基本舞步，即"拖拍步"与"滑拖步"。

---

① 杨士清、何文钧、鄂忠群主编：《达斡尔族"哈库麦勒"》，黑龙江人民出版社2012版，第33页。

人声呼号是"鲁日格勒"的重要组成部分。除"赛歌"阶段的民歌演唱外，舞者自喊的呼号是舞蹈的主要伴奏，贯穿全舞。呼号起着统一舞步、协调动作、增强节奏感的作用，更是抒发舞者的激情，渲染舞蹈气氛、激起观者共鸣的有力手段，具有较强的艺术感染力，现已收集到的呼号按字头分有十一种，共四十三个。一般没有具体的意思，但也有一些是配合固定动作的，如做"布谷鸟"动作时呼"格苏""格水""德吉""答吉"，此呼彼应，有如林中布谷鸟的鸣唱；做"摘豆角"时，齐呼"包日昭同棵，包库若同棵"；模拟大雁时，呼"唉噢唉！唉噢唉！"；做"熊斗"时吼"哈马！哈马！""噢！噢！""吼！吼！"，粗犷而充满野性，逼真地模拟出黑熊撕咬相斗时的声态。舞蹈时，呼号以"阿罕拜"为始，也有直接呼"罕拜"的；赛舞至高潮时呼"达罕达"，其它无固定顺序。

（三）音乐节奏特点

1 音乐特点

"鲁日格勒"没有伴奏音乐，第一段赛歌时唱的歌曲有《五样热情的歌》《美露咧》《我的心思》等，曲调优美抒情，节奏缓慢。第二段对舞时用呼号，有时也会用到短小精悍、轻松明快的歌曲，如：《农夫打兔》《赶集》等。

2 节奏特点

三段舞蹈的速度表现是："赛歌"为慢板、"对舞"为中板、"赛舞"为快板。速度变化是由慢至快。

"赛歌"的节奏有 $\frac{2}{4}$ 拍、$\frac{3}{4}$ 拍、$\frac{4}{4}$ 拍、$\frac{3}{8}$ 拍、$\frac{6}{8}$ 拍。二拍子是鲁日格勒音乐中最主要的节拍形态，四拍子由二拍子演化而来。实际上，三拍子六拍子仍具有二拍子的性质。其效果是两个三连音式的二拍子。

"对舞"和"赛舞"的呼号，节奏为 $\frac{2}{4}$ 拍，强音重拍在第一个字上。节奏规整、对称。前短后长，前紧后松，速度逐渐加快。

第二段对舞的呼号有反映妇女劳动生活的动作，模仿鸟类（布谷鸟、大雁等）的动作和叫声。

1. 咯 咕 0 | 咯 咕 0 |

2. 罕 伯 罕 伯 | 罕 伯 罕 伯 |

3. 格苏 格水 | 格苏 格水 |

4. 德吉 答吉 | 德吉 答吉 |

5. 该 苏么 该 0 | 该 苏么 该 0 | 该 苏么 该 苏么 | 该 苏么 该 0 |

6. 唉 噢 唉 | 唉 噢 唉 | 唉 噢 唉 噢 | 唉 噢 唉 |

第三段赛舞（锵头奇）对打拳头，模仿熊斗动作。

7. 扎 嘿 扎 | 扎 嘿 扎 | 扎 嘿 扎 嘿 | 扎 嘿 扎 |

8. 哈 马 0 | 哈 马 0 | 吼 吼 | 吼 吼 |

五样热情的歌

素 珍 演唱
士 清 记谱

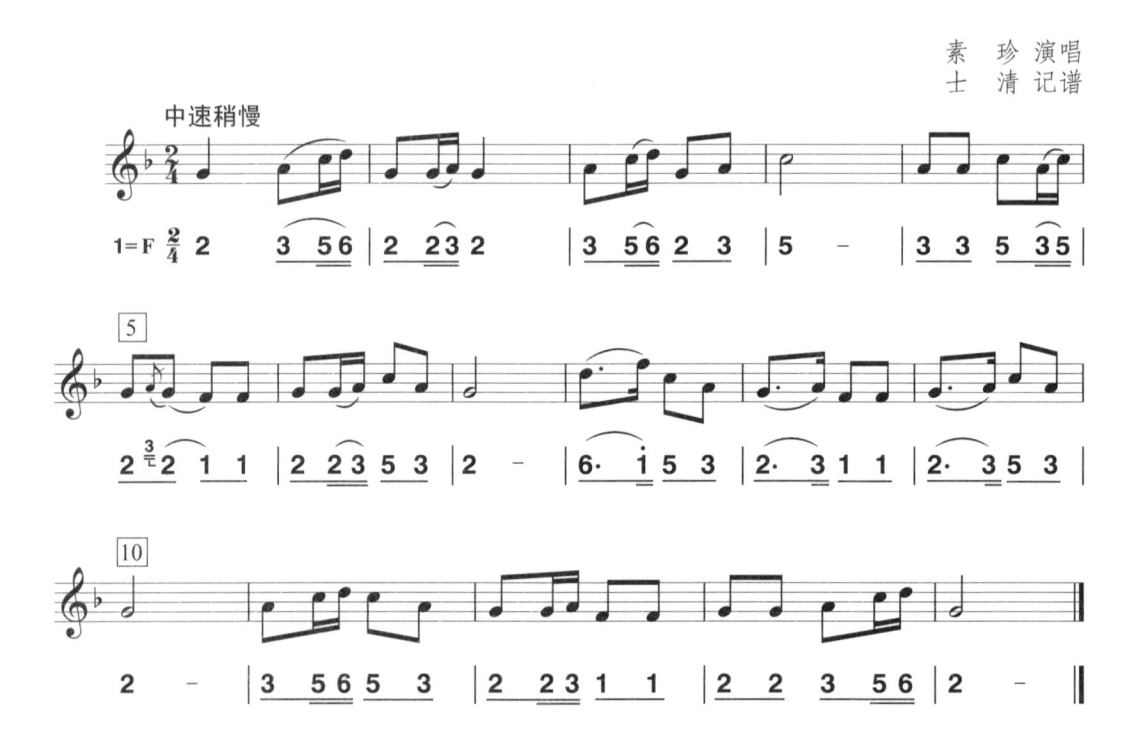

中速稍慢

$1=F$ $\frac{2}{4}$

2 | 3 5 6 | 2 23 2 | 3 56 2 3 | 5 — | 3 3 5 35 |

2 $\frac{3}{2}$ 2 1 1 | 2 23 5 3 | 2 — | 6· 1 5 3 | 2· 3 1 1 | 2· 3 5 3 |

2 — | 3 56 5 3 | 2 23 1 1 | 2 2 3 56 | 2 — ‖

五样热情的歌

（原生态未出版版本）

敖登挂 演唱
刘 艮 记谱

中速稍慢

$1={}^\flat E$ $\frac{2}{4}$ $\underline{{}^3_\text{元}5}$ $\underline{3 \cdot \quad 2}$ | $\underline{{}^3_\text{元}5}$ $\underline{{}^5_\text{元}3 \quad 2}$ | $\underline{5 \quad 5} \quad \underline{6 \quad 6}$ | $5 \cdot \quad \underline{6 \quad 1}$ $\frac{3}{4}$ $\underline{5 \quad 6} \quad \underline{5 \quad 5} \quad \underline{3 \quad 5} \quad \underline{{}^5_\text{元}2}$ |

$\frac{2}{4}$ $1 \cdot \quad \underline{2} \quad \underline{3 \quad 5 \quad 3}$ | $2 \cdot \quad \underline{3 \quad 5}$ | $\overset{\frown}{5} \quad -$ | $5 \quad \underline{{}^5_\text{元}3 \quad 2}$ | $5 \quad \underline{{}^5_\text{元}3 \quad 2}$ |

$1 \cdot \quad \underline{2} \quad \underline{3 \quad 5}$ | $2 \cdot \quad \underline{3 \quad 5}$ | $\underline{1 \quad 2 \quad 1 \quad 6} \quad \underline{\underset{\cdot}{5} \quad \underset{\cdot}{5}}$ | $\frac{3}{4}$ $\underline{3 \quad 5} \quad \underline{6 \quad 1} \quad \underline{6 \quad 6}$ | $\frac{2}{4}$ $5 \cdot \quad -$ ‖

我 的 心 思

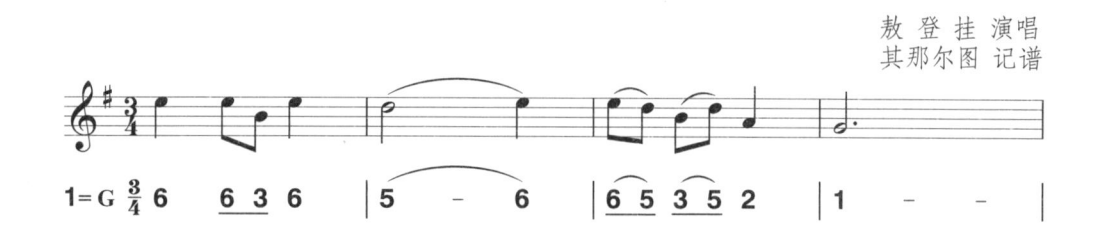

敖登挂 演唱
其那尔图 记谱

$1=G$ $\frac{3}{4}$ $6 \quad \underline{6 \quad 3} \quad 6$ | $5 \quad - \quad 6$ | $\underline{6 \quad 5} \quad \underline{3 \quad 5} \quad 2$ | $1 \quad - \quad -$ |

$1 \quad 2 \quad \underline{3 \quad 5}$ | $2 \quad - \quad 3$ | $\underline{5 \quad 6} \quad \underline{3 \quad 5} \quad 2$ | $1 \quad 0 \quad 0$ ‖

九、达斡尔族鲁日格勒舞

赶　集

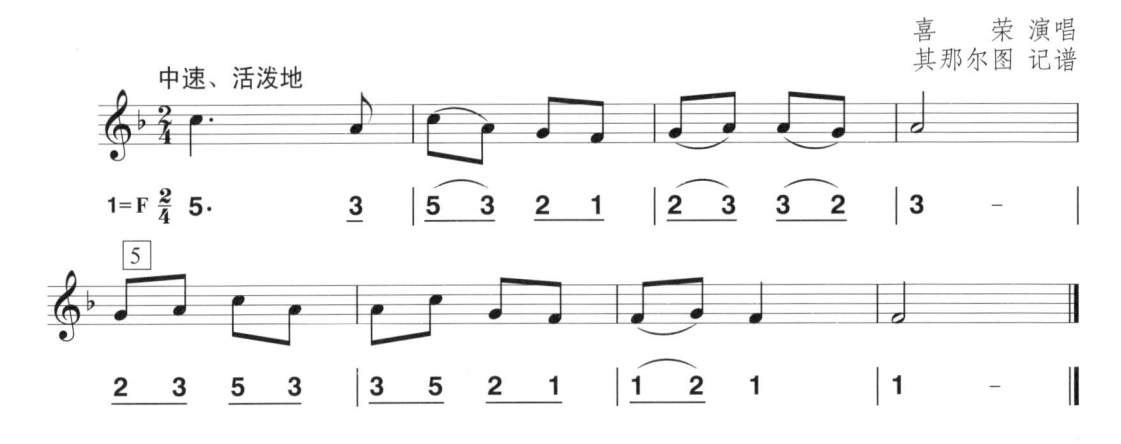

喜　荣 演唱
其那尔图 记谱

中速、活泼地

1=F 2/4 5· 3 | 5 3 2 1 | 2 3 3 2 | 3 — |
2 3 5 3 | 3 5 2 1 | 1 2 1 | 1 — ‖

农夫打兔

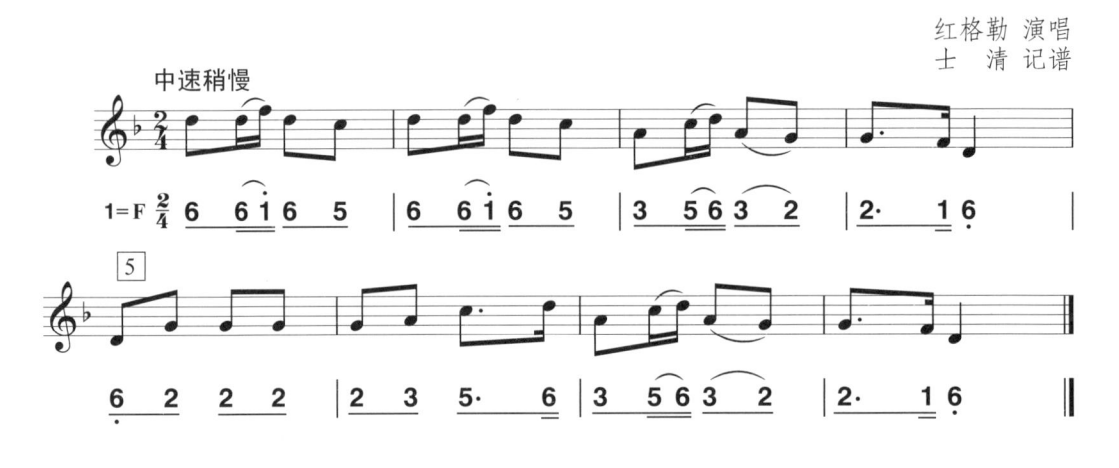

红格勒 演唱
士　清 记谱

中速稍慢

1=F 2/4 6 6̂1 6 5 | 6 6̂1 6 5 | 3 5̂6 3 2 | 2· 1̂6 |
6 2 2 2 | 2 3 5· 6 | 3 5̂6 3 2 | 2· 1̂6 ‖

美　露　咧

嘎　瓦 演唱
其那尔图 记谱

♩·=80

1=C 6/8 6 1̇ 1̇ 6 1̇ 6 | 1̇ 6 6 1̇ 5 3 | 6· 5 6̇1̇ 5· | 6· 5 6̇1̇ 5· |
5 6· 5 3 2· 3 | ³⁄₅ 3 5 2 1 | 2·̰ 1̰ 2̰ 1̇·̰ | 2·̰ 1̰ 2̰ 1̇·̰ ‖

想 娘 家

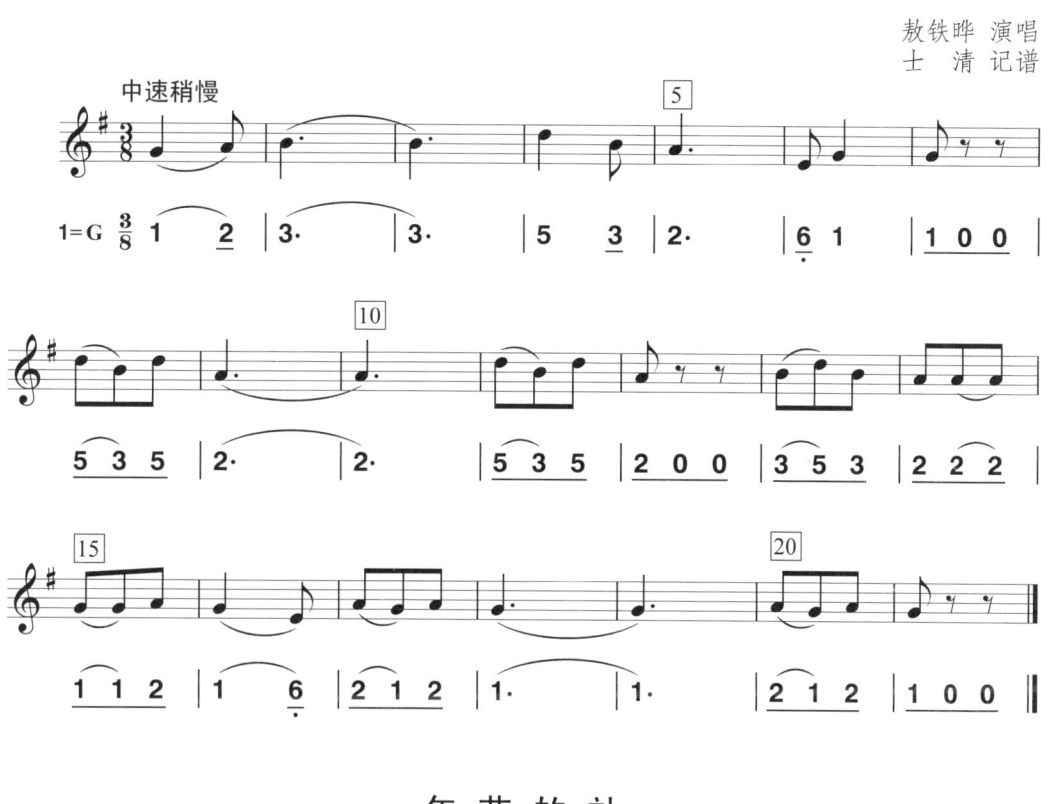

九、达斡尔族鲁日格勒舞

弯弯的树

敖登挂 演唱
刘 艮 记谱

$1=F$ $\frac{3}{4}$ | 6 6 $\overline{\underline{61}}$ | 6· 5 6 1 | 6 — — | 6 1̇ 2̇ | 5· 5 5 5 1 6 5 6 | 3 — — |

6· 1̇ 6 3 5 3 5 | 2 — — | 2 3 5 | 1 1 1 1 3 2 1 2 | 6̣ — — ‖

三 个 高

金 花 演唱
刘 艮 记谱

$1=D$ $\frac{2}{4}$ 6 6· 1̇ | 6 6 5 | 3 5· 3 | 2 2 | 5 5 5 5 | 3 3 3 2 |

1 2· 1 6 — | 5 5 5 5 | 3 3 3 2 | 1 2· 1 6̣ — ‖

十、黎族打柴舞

（一）历史文化背景

打柴舞是黎族民间最具代表性的舞种，黎语称"转刹（chà）""太（tāi）刹（shà）"，起源于古崖州地区（今海南省三亚市）黎族的丧葬习俗。打柴舞系黎族古代人在去世时用于护尸、赶走野兽、压惊及祭祖的一种丧葬舞。用数根长木棍作为道具，数人在地上进行有节奏地敲打，并在不断变化中构成交叉的网格形式，舞者即在这种网格间隙中跳跃。2006年被列入第一批国家级非物质文化遗产名录。

远古时期，由于黎族先民生产力低下和对自然的崇拜，认为死后灵魂能够升天，信仰灵魂不灭，因此并不以人的死而过分悲伤和痛苦，相反为其舞之，一安亡灵，二慰生者，三请求死去的祖先保佑子孙平安。清代光绪《崖州志》卷十三《黎防志一·黎情》记载古代黎族的丧葬礼仪"贫曰吃茶、富曰作八"，"作八必分花木，跳击杵"[1]。跳击杵就是打柴舞。

三亚市郎典村是至今唯一保留打柴舞这一丧葬习俗的村庄。在郎典村流传着有关打柴舞的传说：古代有一位黎王死了，他两个儿子阿腊和阿发破例停棺打斋二十二天，举行隆重的"作八"。整天锣鼓喧天，唱丧歌。锣鼓声震动了汉人的帝王府，帝王非常恐慌，忙派兵来追查。阿腊阿发闻讯，被迫抬棺转移，但官兵穷追不舍，阿腊阿发翻山越岭，一路上风雨交加，人困马乏。为了赶走寂寞，解除痛苦，驱赶寒冷及防御各种猛兽的袭击，他们便将抬棺材用的木棍敲敲打打，又跳又吆喝，并在木棍上踩踩踏踏，打柴舞就这样产生了。[2]

在古代，三亚地区的黎族村落遇到有人去世，则要停棺十二、二十四天或一个月，

---

[1] 郭沫若点校：《崖州志》，广东人民出版社1962版，第196页。
[2] 中国民族民间舞蹈集成编辑部编：《中国民族民间舞蹈集成海南卷》，中国ISBN中心1999版，第29页。

然后才下葬，叫"旱赛"。在"旱赛"期间，全村人要到死者家门前为死者跳打柴舞，直到下葬为止。停棺的时间大多是12天，第三天晚上开始跳打柴舞。打柴舞一共有九个步法，平步、磨刀步、搓绳步、青蛙步、黄猄步、狗追鹿步、筛米步、猴子偷谷步、老鹰步。在丧葬仪式上一定要按照这个固定的顺序跳。但不一定把九种舞步都跳完整，但第九个晚上必须把九个舞步都跳完整。用来敲击的柴作为舞具是一次性的，出殡时把其作为抬棺材的工具，下葬后弃于墓地中，不能带回活人住的村里，以免把"鬼"引回来。

在过去，打柴舞不是随随便便就能跳的，除了丧礼之外，在其他时间或者在白天，没有人看到真正的打柴舞，这是几百年来黎族人守护的规矩。

打柴舞分为击打木棍的打柴者和跳舞的跳柴者。在解放前，跳柴者只能是男人，打柴者男女皆可。解放后，女人才被允许跳柴。

打柴舞的道具很简单，由垫木和木棍组成，2根粗长的垫木（长约3.5米，直径约12公分，）相距2米左右平行摆放着，多对木棍（长约2.5米，直径约2.5公分）横架在垫木之上，构成一个压缩在地面的扁平空间，打柴者分成两列蹲在两根垫木外侧，面对面两手握着小木棍开始击打垫木，并由地面向空中由简而繁不断变化出一个又一个让人眼花缭乱的花样，跳柴的人就在这棍阵之中模仿人类劳动和各种动物的动作及声音。

据传承人介绍，这些道具来源于郎典村附近的崩岭和天子岭，垫木和击打木棍是根据老一辈人的老方法制作的。从山上砍了乔木后，把木料削成型之后还不能马上使用，为了防止虫蛀和开裂，定型的垫木和木棍至少还要在田间的水沟里泡半个月以上，然后再捞出来晾干，晾干之后洗掉泥巴，再晒干。这样根据古法制成的垫木和木棍才是合格的道具，在以后的保存中才不会被虫子蛀坏。

由于打柴舞是运用木棍，舞的全程是在上下、左右、交叉击木情况下完成的，故讲究打柴者和跳柴者的配合、默契、胆量和身手、脚法的灵敏，稍有不慎则被击伤。

（二）表演形式

打柴舞的节奏热烈有力，动作古朴粗犷，场面热闹惊险。打柴舞的九个舞步中，磨刀步、筛米步、搓绳步与日常生产、生活的动作有关。青蛙步、狗追鹿步、黄猄步、猴子偷谷步、老鹰步则是模仿动物的一些动作特征。打柴者有蹲、站两种姿势，站姿：猴子偷谷步和老鹰步。其余七个步法都是蹲姿。

1 平步

打柴者将木棍放到垫木上平行敲击。节奏为"关-开-关-开"。

跳柴者列队在木棍开关的间隙中逐竿踩踏而过。

2 磨刀步

打柴者将木棍放到垫木上平行敲击。节奏为"关（开）-开（关）-关（开）-开（关）"。

一、三对打柴者做开的动作时，二、四对打柴者做关的动作。

跳柴者要在柴的空隙中跳过，每一步要跨过两根柴，难度有所增加。

有艺诀称"磨刀磨刀开莫跳，关跳关跳不夹脚"，意即"关磨"时往里跳，恰好"开磨"时落地，脚就不会被柴杆夹住，否则就会夹脚，这也是跳打柴舞的基本要领。

3 搓绳步

打柴者将木棍抬高距离垫木10厘米左右的位置在空中交叉敲击后再平放到垫木上敲击。节奏为"抬（交叉）-落-抬（交叉）-落"。

跳柴者的节奏和步法仍与前面相同，跳柴者需要跳得高些否则容易被柴绊倒。

4 青蛙步

打柴者将木棍抬高到距离垫木10厘米左右的位置向下垂直敲击垫木三下，节奏为"落落落-"。再将木棍紧贴垫木平行向中间敲击两下，节奏为"关开关-"。连起来的节奏是"落落落-关开关-"一、三对打柴者的打法与二、四对打柴者的打法相反。

跳柴者的步法和节奏与前面有所变化。先以一脚在张开的木棍中跳三下，再轮换一脚跳三下，来回换步。每一次要跳过两根木棍。

图1　黎族打柴舞（青蛙步）

5 黄猄步

打柴者将木棍抬高到距离垫木10厘米左右的位置向下垂直敲击垫木三下，节奏为

"落落落-"。再将木棍抬高距离垫木10厘米左右的位置在空中交叉敲击三下,节奏为"抬(交叉)抬(交叉)抬(交叉)-"连起来的节奏是"落落落-抬(交叉)抬(交叉)抬(交叉)-"一、三对打柴者的打法与二、四对打柴者的打法相反。

跳柴者的步法和节奏与青蛙步相同。

6 狗追鹿步

打柴者将一根木棍垂直于垫木方向高举过自己的头部,来回向下敲击另一根木棍,节奏为"落-落-落-落"。

跳柴者在两根木棍间模仿鹿跳的动作,伏地而跳。应该是两两相追逐而跳,前者扮鹿、后者扮狗。

图2 黎族打柴舞(狗追鹿步)

7 筛米步

打柴者的打法和第一式相同,但柴的摆放有很大变化,将三根木棍(中间是一对)等距放置于垫木上面,再将一对木棍垂直平行放置在中间一对木棍上,这时木棍呈现的整体形状是"井"字形,很像一个筛米的筛子。打柴者只需要4人,两两相对,分别执中间的一对木棍,与平步的节奏和打法一致,节奏为"关-开-关-开"。

跳柴者的舞步与节奏都和平步相同,围绕四周木棍间隙跳。

8 猴子偷谷步

木棍摆放与打柴者的打法与筛米步相同,不同的是打柴者是站姿,增加四个人,把两根垫木(换成木棍)和两根单木棍扛在肩上站在四个角上。

由一人手执稻穗(或其他物品)在"井"口上方按逆时针方向摆动,诱惑"猴子",扮猴者在"井"的下面频频伺机想偷吃"谷物",当"谷物"移到"井口"时,扮猴者奋力跳起抢吃"谷物",被关合的木棍夹到头或脖子者会引来大家哄堂大笑,能够用手撑住木棍，不被夹到头和脖子的人，就是一只成功的"猴子"了。

9 老鹰步

这一步法与前面截然不同，打柴者不用打"柴"，跳柴者不用跳"柴"。将一舂米的木臼平放在中间，两对木棍按照井字形放在臼口，再在"井"的四个外角处分别斜插4根木棍，中间还要垂直再插一根。为了将此造型固定住，木棍周围要有人坐上或用手扶着。打柴者们要在不损坏柴整体造型的情况下逆时针旋转。跳柴者由一人攀到竖着的木棍顶端，以腹部顶着木头，张开四肢，模仿老鹰展翅高飞状，同时鸣叫，打柴者则和声而转之。

图3 黎族打柴舞（老鹰步）

（三）音乐节奏特点

打柴舞自古以来都没有音乐伴奏，是由木棍发出的响声作为伴奏
打柴舞都是 $\frac{2}{4}$ 拍的节奏。

1 平步 ♩=144

| X 0 | X 0 | 关 开 | 关 开 ‖

2 磨刀步 ♩=132

| X X | X X | 开(关) 关(开) | 开(关) 关(开) ‖ （两组交替）

3 搓绳步 ♩=84

| X X X X | X X X X | 抬 落 抬 落 ‖ （抬时交叉）

4 青蛙步 ♩=68

| X X X | X X X | 落 落 落 | 关 开 关 ‖ （两组交替）

⑤ 黄猄步　♩=68

X X　|X X　|落 落 落　|抬 抬 抬　‖（两组交替）（抬时交叉）

⑥ 狗追鹿步　♩=76

X X　|X X　|落 落　|落 落　‖

⑦ 筛米步　♩=144

X 0　|X 0　|关 开　|关 开　‖（四方型）

⑧ 猴子偷谷步　♩=58

X X　|X X　|关 关　|关 关　‖（站）

⑨ 老鹰步

老鹰步没有木棍击打，没有固定节奏。

十一、藏族迪庆德钦奔子栏锅庄

（一）历史文化背景

"锅庄"是对藏语"果卓"的音译，"果"是圆圈，"卓"是跳或舞蹈、歌舞之意，是一种无器乐伴奏的集体舞蹈。是藏族三大民间舞蹈（弦子、锅庄、热巴）之一，分布于西藏昌都、那曲，四川阿坝、甘孜，云南迪庆及青海、甘肃的藏族聚居区。在西藏高僧萨迦·索朗坚赞编著的《西藏王臣记》里记载了西藏第一座佛教寺庙桑耶寺举行落成庆典时"臣民们个个唱歌，欢跳卓舞，弹奏毕旺，毫不间断，天天如此。"由此证明，"卓"早在公元八世纪前就在民间流传。[①]据史料记载和藏文专家考证，"锅庄舞"的历史可上溯至公元七世纪之前，《滇藏文苑》载，"锅庄舞"的产生与西藏奴隶社会的盟誓活动相关。相传早在吐蕃祖孙三法王时期，即公元七世纪中叶，随着吐蕃势力的南下，"锅庄舞"也随之流传到了迪庆地区。在流传过程中，随着社会的发展，审美观的变化，在舞蹈形式、动作、功能以及唱词内容上也产生了变化。[②]

锅庄分为用于大型宗教祭祀活动的"大锅庄"、用于民间传统节日的"中锅庄"和用于亲朋聚会的"小锅庄"等。清·徐珂《清稗类钞》中已有关于锅庄的记载："跳锅庄为蛮民生而固有之惯技，故人人皆能为之。跳时，以酒一瓶置櫈上，跳者互相握手环绕此櫈，足跳口歌，章法不乱。跳须臾，即吸酒，故愈跳愈乐。或众男合跳，或众女合跳，皆可。然以男女合跳为尤可观，以女歌一曲，男必和之，女所歌者乃相思之词，男所和者乃戏谑之词也。众女合跳，歌声尤悠扬可听。"[③]

藏族锅庄按地域和艺术形式的不同大致可分为西藏昌都锅庄、青海玉树锅庄、四

[①] 迪庆藏族自治州文化馆、迪庆藏族自治州非物质文化遗产保护中心编著：《迪庆锅庄》，云南民族出版社2010版，第1页。

[②] 迪庆藏族自治州文化馆、迪庆藏族自治州非物质文化遗产保护中心编著：《迪庆锅庄》，云南民族出版社2010版，第2页。

[③] 徐珂编撰：《清稗类钞》，中华书局1986版，第4956页。

川嘉绒锅庄、云南迪庆锅庄，其中迪庆锅庄尤以德钦县奔子栏镇和香格里拉县建塘镇、小中甸镇的最有代表性。

2006年5月，云南、西藏、青海三地的锅庄同时被国务院批准列入第一批国家级非物质文化遗产名录。

锅庄的曲调非常丰富，多达上百种，是人们表达喜悦的一种舞蹈形式，也是人们为了消除劳动疲劳，感谢神灵保佑，抒发自己对生活、对自然的一种态度和想法，有着祭祀性和娱乐性等多重社会功能。清吴德煦撰《章谷屯志略》记载："每逢喜庆辄跳锅庄，自七八人至一二百人，无分男女，附肩联臂绕逗而歌，所歌者数十百种，首尾有定局，其中所歌在人变换之巧拙，其语有颂扬者，有言日月星辰者，有论阴晴风雨者，有念稼穑之艰难者，有谓织枉之辛勤者……有男女相爱悦者，有互相赠答者，有互相讥讪者……"①

从迪庆藏民对"锅庄"的称呼和舞蹈使用的场合看，说明"锅庄舞"是欢乐舞、快乐舞，所以凡遇喜庆佳节、新居落成、婚嫁喜事，人们不分男女老少都要跳个通宵，表示欢乐、祝福之意。因"锅庄舞"是欢乐舞，凡遇丧事就不能举行，丧家的成员和亲族，在丧事未满一周年之前不能参加锅庄舞会。

锅庄的歌词内容也十分丰富，唱时可以从天上唱到地下，从古唱到今。唱词以三句为一段，唱天必唱日、月、星；唱人必唱帝、佛、智；唱地必唱北京、拉萨、家乡。

迪庆藏族自治州德钦县的锅庄按风格分为"工卓"和"筛巴卓"。"筛巴卓"是指流传在德钦县金沙江沿岸地区的锅庄，其在奔子栏地区保存得最为完整，故在民间又称为奔子栏锅庄。奔子栏锅庄还幅射四川甘孜、德荣、乡城、巴塘、西藏昌都、芒康、左贡、怒江贡山等地。奔子栏锅庄距今已有1300多年的历史，表演形态端庄典雅，演唱委婉动听、舞步稳健豪放、庄重，时而缓慢平稳，时而热情激烈，集各种修辞手法为一体，唱来娓娓动听，加之华丽的盛装，赢得了世人的赞誉。

奔子栏——公主起舞的乐园。传说1100年前吐蕃王朝时期有一位南昭公主"姜萨取追"曾远嫁吐蕃，途经奔子栏，每晚与当地百姓一起跳锅庄舞娱乐，留下了欢快的舞步。当地村民为了纪念公主，便把这片坝子称为"公究子姆拉"，简称"公仔拉"，音译为"奔子栏"。

---

① 吴德煦撰：《章谷屯志略》，中央民族学院图书馆编，1979年，第16页。

图1 奔子栏锅庄

(二)表演形式

奔子栏锅庄根据曲调、唱腔、舞蹈的快慢,分为"吆"(长腔,坐唱)、"卓金"(唱调缓慢,舞蹈动作轻逸缓慢古板)、"霞卓"(分为卓金霞卓和卓草霞卓)、"卓草"(节奏稍快,灵活性比较强,可根据情景变化唱腔唱词)四个部分。

1 吆

"吆"包括吟诵、酒歌、茶歌,大概有二十余首曲目。曲调缓慢,拖腔长,音律高低变化,装饰音及颤音较多,高亢悠扬,是锅庄舞的开场。"吆"多以坐唱为主。"吆"、"卓金"、"卓草"这三类都可融进祝福、颂扬、迎宾、相会、辞别、挽留等歌词。男子领唱,女子随唱,反复三遍,唱几首不固定。然后唱"冲吆",部分人坐唱,部分人舞,唱词多为赞颂,节奏明快,舞蹈刚劲有力,豪放自如。

"吆"的唱词第一段必须唱"生冲雄,阿鲁拉能冲雄"为序曲,一般为七言句或八言句。唱词最后一段必须唱"生茸雄,阿鲁拉能茸雄"。唱词多为赞颂词。

2 卓金

"卓金"曲调缓慢悠扬、节奏自由、拖腔长、装饰音多,调式变化明显。"吆"唱完后,众人慢慢站起围成圆圈开始唱"卓金"。唱"卓金"时,"永恰日瓦"(意为祝福吉祥)唱段是"卓金"的开场序曲。每段唱腔起时,舞随唱腔慢慢摆动,动作为左手左脚,右手右脚,抬手不应高于头部,随唱腔缓缓舞动,弧度不大,似抬非抬,似舞非舞,似迈非迈。"卓金"的四步舞步为:先抬左脚,后抬右脚,再抬左脚,再抬右脚时缓慢地顺时针向前跨一步。"卓金"的每首唱腔都是固定的词曲,"卓金"是母子唱法，母为长腔"卓金"，子为短调"卓金卓草"。

卓金与卓金卓草的母子唱法是成套的，固定的。

图2　奔子栏锅庄

3 霞卓

"霞卓"分为卓金霞卓和卓草霞卓。卓金霞卓是没有音乐伴奏，卓草霞卓是唱卓金的子唱法短调卓金卓草时跳的舞蹈。

卓金霞卓据说有四十多个舞步，目前流传下来有三十多个舞步。

女舞步有：叶坐霞卓（立起来的舞步）、次仁霞卓（长寿舞步）、牛猜霞卓（流传在纳西村落的舞步）、扎西霞卓（吉祥舞步）、梅朵霞卓（花舞）、叶角霞卓（跳上去）、品松初霞卓（吉祥如意）、叶切霞卓（向上飘逸的舞步）、狄古霞卓（飞翔的舞步）、滇只木霞卓（七翔舞步）、岩卓啦霞卓（往前舞）、登珍霞卓（良辰吉日）、卓玛霞卓（卓玛的舞步）、嘎教霞卓（九踏步）等。

男舞步有：秀日共呦霞卓（四方舞步）、滇只木霞卓（七翔舞步）、哈踔霞卓（弥勒舞步）、嘎只木霞卓（九步舞）、叮蒸顿珠霞卓（祈祷聚宝）、书松葛九霞卓（跺九步）、呀金霞卓（牦牛尾）、次林秀日霞卓（长寿四方）、梅朵霞卓（花舞）、阿谱霞卓（土司的舞步）、袖日米踔霞卓（鲜花盛开的四方）、扎西玉杰霞卓（吉祥八宝舞）、书松东堆水霞卓（流传在东堆水村落的舞步）、叶日卓央霞卓（流传在奔子栏镇叶日卓央村委会的舞步）等。

每个卓金霞卓的序和结尾都是一样的，男女舞步是不同的。

卓金的表演程序为：男女舞者围成圆圈，先由男方领唱"卓金"（长腔母唱法），女方按照男方曲调和词重复一遍。男方唱第二遍，曲调与第一遍相同，歌词不同，女方重复男方第二遍。男方唱第三遍，曲调仍然与第一遍相同，歌词不同，女方重复男方第三遍。女方唱第三遍快结束时，男方跳第一个"卓金霞卓"，然后唱跳卓金卓草（短调子唱法）。在将近结束时，女方开始跳第一个"卓金霞卓"，然后唱跳跟男方一样的卓金卓草。将近结束时，男方开始跳与之前不同的第二个"卓金霞卓"，然后唱跳第二个卓金卓草，与之前的曲调相同，词不相同。将近结束时，女方开始跳与之前不同的第二个"卓金霞卓"，然后唱跳第二个卓金卓草，与男方的第二个卓金卓草相同。将近结束时，男方开始跳与之前不同的第三个"卓金霞卓"，然后唱跳第三个卓金卓草，与之前的曲调相同，词不相同。将近结束时，女方开始跳与之前不同的第三个"卓金霞卓"，然后唱跳第三个卓金卓草，与男方的第三个卓金卓草相同。将近结束时，男女齐唱至结尾。至此，一套"卓金"结束。一套卓金大约用时四十多分钟。

4　卓草

"卓草"曲调悠扬舒畅，节奏明快，词意丰富多彩，词曲套路多样，但大部分有固定的歌词句式，唱词以相会内容为多，结构必须相对工整。茶马古道上有一首民谣："天上有多少颗星，卓草就有多少词；山上有多少颗树，卓草就有多少调；牦牛身上有多少毛，卓草就有多少舞步。"这是人们对奔子栏锅庄舞丰富多样的赞誉。

奔子栏锅庄舞蹈动作幅度较大，舞者下身坠地，上身飘逸，动作稳健豪放，变化多样，其动作基本为踢踏舞袖、左右摆步、四步一变、弓腰抬脚、单脚跺步等。传统锅庄都要弓腰低头，舞者不能抬头看座位上的达官贵族。奔子栏锅庄最大的特点就是可以挺胸抬头，脱掉一个袖子，可以舞动长袖，舞步和唱腔从十分缓慢至轻快飘逸直至最快。奔子栏锅庄与一些民间民俗活动庆典、宗教仪式紧密相连，穿插在一些仪式如婚礼、迎宾、敬神山（拉斯）等活动中。

（三）音乐节奏特点

1　音乐特点

奔子栏锅庄的吆和卓金，曲调缓慢，拖腔长，音域高低变化大，装饰音、颤音较多，节奏自由，高音旋律悠扬，低音深沉厚重。卓草曲调悠扬舒畅，节奏明快。

2 节奏特点

吆、卓金的节拍比较自由，在一首曲子里会出现 $\frac{2}{4}$、$\frac{3}{4}$、$\frac{4}{4}$、$\frac{5}{4}$、$\frac{6}{4}$ 拍，根据演唱者气息、情绪、氛围的不同，拍子会略有差别。整体速度较慢。

卓金霞卓的舞蹈节奏在抬手抬脚时速度稍慢，其余的节奏稍快。以 $\frac{2}{4}$ 拍为主，会有 $\frac{3}{4}$ 拍穿插其中。

卓草节奏为 $\frac{2}{4}$ 或 $\frac{4}{4}$ 拍，节拍规整。速度以中速和小快板为主。

吆

刘 艮 记谱

冲 吆

刘 㞟 记谱

永恰日瓦

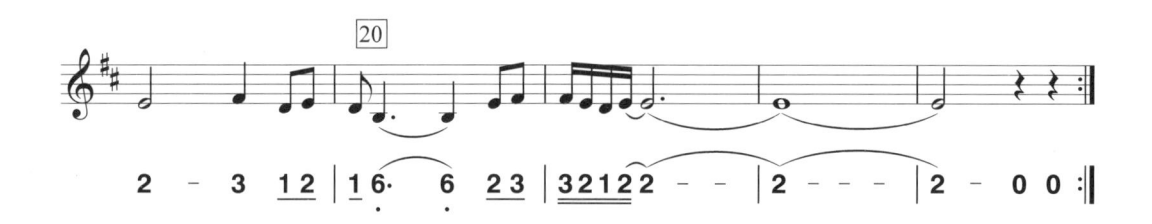

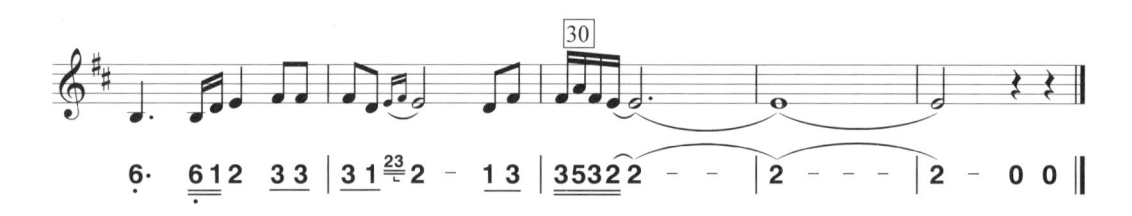

（卓金长腔）

刘　艮 记谱

十一、藏族迪庆德钦奔子栏锅庄

卓金卓草

与永恰日瓦对应的短调

卓金霞卓序（女）

刘艮 记谱

卓金霞卓尾（女）

刘艮 记谱

叶坐霞卓（女）
立起来的舞蹈

十一、藏族迪庆德钦奔子栏锅庄

卓金霞卓序（男）

卓金霞卓尾（男）

秀日共呦霞卓（男）
四方舞步

卓草 《阿唻哦》

刘 艮 记谱

十一、藏族迪庆德钦奔子栏锅庄 ▶▶ 133

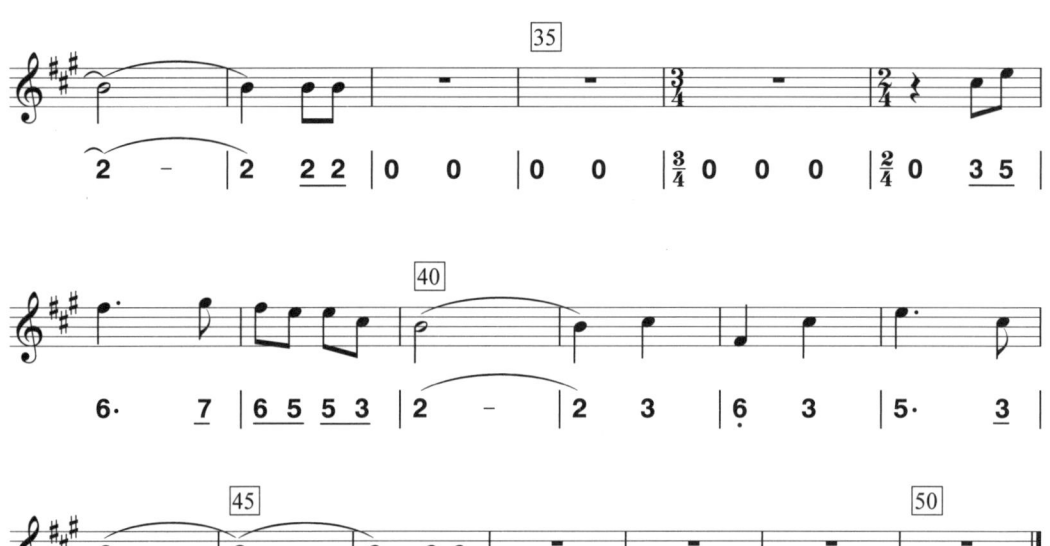

卓草《阿唻斯星》

刘 艮 记谱

十二、维吾尔族赛乃姆

（一）历史文化背景

"赛乃姆"是维吾尔族喜闻乐见的一种民间舞蹈，广泛流传于天山南北的城镇乡村。它是维吾尔族日常生活中不可缺少的一部分，维吾尔族人每逢喜庆佳节、婚礼仪式、亲友欢聚都要举行"麦西来甫"（聚会的意思）并热情地跳起赛乃姆以表庆祝，2008年被列入第二批国家级非物质文化遗产名录。

"赛乃姆"这个名词源自阿拉伯文，原意为神像，后来用作指美丽姑娘的名字。赛乃姆原本称为"赛兰木"，是指地名。据穆罕默德·喀什噶尔著《突厥语大辞典》和《伊斯兰百科全书》记载，在现今奇姆肯特东面有一座城叫伊斯菲加普，也就是赛兰木。这一带居民在公元十四世纪起逐渐移居到新疆南部地区，赛兰木一开始指这一批移民，后来用作称呼这些移民的舞蹈。随着伊斯兰教在新疆的普及，逐渐开始使用"赛乃姆"这个术语。由于赛乃姆原来沿用于女性之名，因此这种歌舞内容基本上以歌唱爱情为主。

也有人认为"赛乃姆"源于音乐节奏的名称。"乾隆《钦定皇与西域图志·卷四十》"乐伎附"中有：携诸乐器进，奏斯纳满、色勒喀斯、察罕、珠鲁诸乐曲，以为舞节。次起舞，司舞二人，舞盘二人……次呈杂技。"[①]此段记载中的"斯纳满"即当时赛乃姆一词的音译。"色勒喀斯"即赛乃凯斯的音译，即现在赛乃姆表演中的转快部分。

在维吾尔族大型古典套曲"十二木卡姆"（喀什木卡姆）的形成过程中，就吸收了早已在民间流传的"赛乃姆"成为"穹乃额曼"的组成部分。

"木卡姆"一词源自于阿拉伯语，它有两层意思：一是"位置、地位、等级"；一

---

① 毕研洁、周亮：《维吾尔民间舞蹈麦西来普》，社会科学文献出版社2014版，第85页。

是"曲调、歌曲、乐曲"。在音乐学上使用第二层含义，把置于一定系统的、成套的大型乐章称为"木卡姆"。新疆维吾尔族木卡姆艺术是一种集歌、舞、乐于一体的大型综合艺术形式，主要分布在南疆、北疆、东疆各维吾尔族聚居区。最具代表性的有十二木卡姆、吐鲁番木卡姆、哈密木卡姆、刀郎木卡姆流派。"十二木卡姆"由十二套大型乐曲组成，其中的每一套都包括"穹乃额曼"（意为"大曲"，系列叙咏歌、器乐曲、歌舞曲）、"达斯坦"（系列叙事歌、器乐曲）和"麦西来甫"（系列歌舞曲）三大部分。每套含乐曲二十至三十首，十二套共近三百首，完整地表演需要二十多个小时。

新疆地域辽阔，由于各地区自然环境、历史背景、风土人情及方言的差异，使各地的赛乃姆在音乐和舞蹈方面都具有不同的风格色彩。维吾尔族人民习惯在赛乃姆前面冠以地名以示区别。如："喀什赛乃姆""和田赛乃姆""哈密赛乃姆""伊犁赛乃姆""库车赛乃姆""库尔勒赛乃姆""叶城赛乃姆""莎车赛乃姆""刀朗赛乃姆"等。

1 南疆风格赛乃姆

南疆是维吾尔族密集的地方，以农耕文化为主。喀什（古称疏勒）、库车（古称龟兹）、和田（古称于阗）都是历史上著名的盛行乐舞之地。喀什位于新疆的西南边缘，这里的民间舞蹈较多地保留了古老的风格。

代表舞蹈：喀什赛乃姆，舞蹈深情、优美，身体各部位的运用较为细致，尤其是手腕和舞姿的变化极为丰富。

库车赛乃姆，更多地保留了汉唐龟兹舞蹈中的弹指、弄目、撼头等基本动作及节奏性强的特点。舞蹈抒情、稳健，风味浓郁。

风格特点：舞蹈典雅端庄，情感表达细腻。在男女齐舞时感情的交流较为隐讳、含蓄。

2 北疆风格赛乃姆

北疆是各民族杂居的地区，各民族文化交流很频繁。以畜牧业为主的草原文化对本地区维吾尔族文化有更多的影响。

代表舞蹈：伊犁赛乃姆

风格特点：动作潇洒豪放、轻快利落，男女对舞时，相互之间的感情交流坦率自然。

3 东疆风格赛乃姆

东疆靠近内地，除了维吾尔族外，还有许多汉族、回族居住。

代表舞蹈：哈密赛乃姆，其表演形式独特，先入场的舞者手中常执花束，在他（她）去邀请另一舞伴时，要把手中所执的花束交给被邀请者，然后两人双双起舞。这种表演形式似与唐代的"花枝令"相近，也可能与高昌回鹘时期人们喜爱手持花束的习俗有关。

风格特点：动作稳重，具有中原舞蹈的特征，节奏平稳、动作幅度不大。

赛乃姆在长期的发展演变过程中，随着维吾尔族人民审美的需要，又渐渐衍化出"盘子舞""萨帕依舞""它石舞""木勺舞""萨玛瓦尔舞""油灯舞"以及"阿图什舞"和"赛兰舞"（即"游园舞"）等有一定技巧难度和表演性较强的舞蹈，使赛乃姆舞蹈的形式更为多样，内容更为丰富。

赛乃姆较多地继承了古代西域乐舞艺术的遗风。唐人杜佑在《通典》第一四二卷中叙述唐代西域乐舞时说："音皆初声颇复闲缓，度曲转急躁。""或踊或跃，乍动乍息，跷脚弹指，撼头弄目，情发于中，不能自止。""……抃，击其节也……龟兹伎人弹指为歌舞之节，亦抃之意也。"[①] 这些描述，在克孜尔、库木吐拉、森木塞姆等石窟残存的壁画中也可以找到形象资料。"撼头""弄目""跷脚""弹指"等动作，在赛乃姆舞蹈中是基本的语汇，经常可以看到。撼头，是常见的"移颈"动作；弄目，是眼神的

图1　维吾尔族赛乃姆

---

① 中华舞蹈志编辑委员会编：《中华舞蹈志新疆卷》，学林出版社2014版，第60页。

运用；跷脚，是指双脚尖直立的动作；弹指，是手指的运用；或踊或跃，是唐代《胡腾舞》的基本动作，就是现在维吾尔族舞蹈中的"跳""跃"；乍动乍息，就是急速旋转或骤然停立在一定姿态上的有机组合；抃，是鼓掌的意思，"以抃击节"就是拍手。在赛乃姆舞蹈中往往是群众拍手唱和来为舞蹈伴奏。赛乃姆舞蹈中继承了唐代龟兹舞蹈中的许多语汇，成为现今维吾尔族舞蹈的基本舞姿，其历史渊源是相当悠久的。维吾尔族的赛乃姆舞蹈只是借用了阿拉伯的名词，其舞蹈内涵则是维吾尔族人世世代代不断发展形成的民族艺术。

（二）表演形式

表演赛乃姆时，在场者自然围成圈席地而坐，为之伴奏伴唱的乐鼓手坐在一隅。在较大型的聚会场合，乐手往往先吹奏散板乐曲，此时不舞。散板结束后，再加入手鼓等其他乐器依次演奏慢板、中板、快板乐曲。当鼓声加入慢板时，舞者徐徐入场舞蹈，随着舞曲板式的转换和伴唱者激情洋溢的歌声，一步步将气氛推向高潮。中间，当乐手或舞者感到疲劳时，就进行游戏或其他娱乐活动以作调剂，然后进行新的一轮歌舞。如此反复，直至众人尽兴。一场麦西来甫一般在几小时至半天之间。在一些小型的麦西来甫场合，乐曲可直接从慢板或中板进入，舞者随之下场起舞。乐手可演唱群众熟悉的传统歌舞曲，也可用旧调即兴填词，描绘当场情景，表达大家的欢乐之情。

跳赛乃姆没有固定的程式，舞者合着音乐的节奏即兴起舞，自由活泼。可一人独舞，亦可邀人对舞或数人同舞。舞蹈开始时，节奏舒缓，舞步平稳。随着舞蹈的进行情绪渐转激昂。当舞至精彩处，在场群众常用热情奔放的声音齐声呼喊"凯（kāi）-那（na）！"（"真热闹啊"之意）或"巴了嘎啦！"（"真棒"之意）这时人声、鼓乐声欢腾喧闹，把欢乐的气氛推向高潮。

赛乃姆的动作抒情优美，婀娜多姿。其特点表现在身体各部位的细致运用和巧妙的配合上。在舞蹈动作中，头、肩、手腕、腰、小腿部位运用得较多。如：头的部分有移颈、摇头；手腕部分有绕腕、翻掌、推手、弹指等；腰的部分有下胸腰、下后腰、下侧腰；而小腿部分的运用则更加多样。赛乃姆的舞蹈姿态大多是从生活中提炼的，最常见的有托帽式、挽袖式、眺望式、抚胸式等。并注重身体各部位整体配合和姿态性动作的发展，例如在原地表演豪放得意的心情时，舞者单腿跪蹲，双手在胸前击掌交叉，同时耸肩，然后双手再向下打开，一手撩至"托掌"位绕腕，另一手手指扶于膝上，然后轻轻移颈。这组动作有拍掌、耸肩、绕腕，而最后的移颈则是画龙点睛。

通过这些动作的有机配合,突出了舞者怡然自得的心情。在步伐上,赛乃姆也有独特之处。其特点是膝盖既有控制又不僵硬,小腿灵活轻巧,和鼓点结合紧密。步伐用得最多的是"三步一抬",脚步平稳,上身挺拔。

表演赛乃姆时,各地区多穿着当地维吾尔族的生活服装,在传统节日和盛大"麦西来甫"上也可看到独具特色的传统服饰:喀什、阿图什地区的中、老年男舞者大多头戴阿图什帽,伊犁地区的老年男舞者习惯戴毡帽或紫红色花帽,穿绣花边的布、绸或纱质翻领衬衣、便裤、黑皮靴,系方腰带(系时将腰带的两角对折,三角尖对胯),外套布、绸或平绒质的袷袢(维吾尔族男装)。老年女舞者一般头披白色方纱巾、戴花帽,鬓角插花(绢花、绒花或鲜花),戴耳环、项链、手镯,穿艾得来斯(维吾尔族、乌兹别克族妇女喜欢的一种绸质裙料。其纹样是多种波浪式粗线条图案,由水纹和树木枝叶的形状演变而来)筒裙、便裤、黑平底靴。中年女舞者大多梳五根以上长辫,斜戴吐马克(一种镶有狐狸皮毛边的维吾尔族女帽,其纹样是多种波浪式粗线条图案,由水纹和树木枝叶的形状演变而来),鬓角插花,戴耳环、项链、手镯,穿布、绸或纱质长裙、便裤、高跟鞋,外套绣花边的深色丝绒宁木恰(维吾尔族妇女常穿的一种中长外套)。和田地区于田县的维吾尔族妇女,大多头披白色纱巾,斜戴于田小帽,穿浅色布、绸或纱质筒裙、便裤、平底靴,外套深绿或深蓝色布、绸质长袷袢(衣边、袖边、胸前均用浅绿或蓝色布料镶缀)。哈密地区的妇女多穿与汉族、蒙古族服装相接近的左衽衣衫。维吾尔族年青姑娘梳多根长辫(五根以上),斜戴花帽,鬓角插花,戴耳环、项链、手镯,穿长裙,外套绣花边的坎肩,穿便裤、高跟鞋。服饰色彩鲜艳、明快。维吾尔族年青小伙多头戴绣巴旦木图案的巴旦木花帽,穿绣花边的布、绸或纱质立领或翻领衬衣、便裤、黑皮靴,腰系丝绸或丝绒的三角腰巾(三角尖对胯)。[①]

(三)音乐节奏特点

1 音乐特点

赛乃姆舞蹈的音乐一般都从慢板或中板开始到欢快热烈的快板结束,歌唱与舞蹈分工明确,舞蹈者不歌唱,歌唱者不舞蹈,即采用以歌伴舞的形式。音乐伴奏多用切分音、符点节奏,弱拍处常运用强奏的艺术处理,用以突出舞蹈的风韵和民族色彩。

赛乃姆的音乐,是在各地民歌的基础上形成的一种歌舞音乐,曲调优美、深情,

---

① 中华舞蹈志编辑委员会编:《中华舞蹈志新疆卷》,学林出版社2014版,第62页。

节奏鲜明。各地区的赛乃姆音乐都由数量不同的歌舞曲组成。每首歌舞曲可以单独演唱，也可任意连缀演唱。常用乐器有：达卜（手鼓）、弹布尔、热瓦甫、都塔尔、萨塔尔、艾捷克、苏纳衣（唢呐）、纳格拉（铁鼓）、乃依（木笛）等。

图2　达卜　　　　　　　　　　　图3　纳格拉

达卜（手鼓），是维吾尔族最重要的打击乐器。用桑木作框，蒙驴皮、山羊皮、牛皮或蟒皮，框里的边缘有若干小铁环。演奏时分别以左右手击鼓中及鼓边发出不同的音高以表现节奏。有大、中、小三种不同形制，大达卜为民间巫师作法时所用，音色沉闷。中达卜使用极为普遍，可用于合奏、歌舞伴奏等。小达卜为喀什木卡姆、多朗木卡姆必不可少的伴奏乐器。

纳格拉（铁鼓），为维吾尔族古老乐器之一。十世纪以前俗称为"库夫鲁克"。在古代它作为礼仪乐器和军乐使用，后来逐渐流入民间。纳格拉分大、中、小三种，两个成对或三个一组的使用，每对"纳格拉"分高音、低音，其音高关系为八度或四、五度。演奏时，高音鼓在左，低音鼓在右，演奏者两手各执一木棍（桑木）击之。纳格拉的形制是上宽下窄，鼓身铁铸，鼓腔中空，上蒙驴皮、骆驼皮或牛皮。其节奏与"达卜"相同。"纳格拉"音量宏大，节奏复杂，力度、速度千变万化，极富感染力。在维吾尔族民族音乐中被广泛使用，有着不可取代的地位。

艾捷克，弓弦乐器，起源于伊朗。多朗艾捷克是维吾尔族艾捷克的原始雏形，它主要流传于多朗地区。半球形的共鸣箱以整块柳根挖就，上蒙马或驴皮。现今使用的是改良后的艾捷克，共鸣箱仍为半球形，但后壁由薄板粘接，上蒙木质面板，四根琴弦，定弦同小提琴，使用小提琴琴弦和琴弓。

萨塔尔，弓弦乐器，多用桑木制作，长度约为140厘米。有一根钢丝主奏弦，8—12根钢丝共鸣弦，音域有两个八度多。萨塔尔的定弦法不完全相同，其共鸣弦既非装饰，亦非演奏，"它具有音响物理的意义"即演奏音与共鸣音形成共振物理现象，使乐器音色与音量更丰富一些。是《十二木卡姆》的主要伴奏乐器。

图4 艾捷克 　　　图5 萨塔尔 　　　图6 热瓦甫

热瓦甫，弹拨乐器，各维吾尔族人聚居地都有流传，但形制各异。喀什热瓦甫（或称南疆热瓦甫、民间热瓦甫），半球形共鸣箱由整块桑木挖槽而成，上蒙驴皮、羊皮或蟒皮。演奏时右手用木质、牛角或化学薄板制成的薄片弹拨发声，左手按品位改变音高。北疆热瓦甫（又称改良热瓦甫）在喀什热瓦甫的基础上改良而成，全疆各地普遍使用。共鸣箱为稍大的半球形，后壁用薄木板粘拼而成，上蒙驴皮、羊皮或蟒皮。琴柄上嵌金属条，五根钢丝弦分为三组，左侧一根一组，中间和右侧都以两根为一组。

图7 弹布尔 　　　图8 都塔尔 　　　图9 苏纳衣　　　图10 乃依

弹布尔，是一种弹拨乐器。共鸣箱为小瓢形，由整板桑木挖槽而成。上蒙薄平木质面板，长颈上以丝弦缠成品位二十六个，五个弦柱置于琴柄正面和左侧面。右侧并列的两根琴弦是主奏弦，中间一根和左侧并列的两根是伴奏弦。演奏时右手用木制、牛角制拨片或一种绑在右手食指上的钢丝拨子弹弦发声，左手按品位改变音高。弹布尔常在都塔尔的伴奏下演奏，也常用于木卡姆及歌舞伴奏和乐队合奏。

都塔尔，名称源于波斯，为二弦之意。硕大的半瓢状音箱后壁以桑木薄条粘接而成，上蒙木质薄板。琴杆偏长，上以丝弦缠成十七个品位。两个弦柱各位于琴杆正面及左侧面。演奏时以右手指拨弦发声，左手按品位改变音高。都塔尔在维吾尔族分布很广，是城乡音乐生活中最常见的乐器，常用于自弹自唱，或参与乐队歌舞伴奏。

苏纳衣（唢呐），是民间古老的木管乐器，早在公元十三世纪以前已在民间流传。与汉族唢呐相近，但通体以整块木料铸制而成，多数为枣木或桐木，开音孔八个（正面七个，反面一个）。是维吾尔族鼓吹乐队中的领奏乐器。

乃依（笛子），木管乐器，流传在民间已有一千多年的历史。横吹与汉族笛子相近，但无膜孔；竖吹与西亚、北非地区的乃依相同。通体木质，一般用枣木或桐木制成，开音孔六个。竖吹为开管，舌尖掩住部分上口作为吹孔；横吹为闭管，另设吹孔一个。横吹乃依在全疆各维吾尔族聚居地区皆可见到，经常在民族乐队中为歌唱、舞蹈伴奏。竖吹乃依现在已经极少看到。

2 节奏特点

赛乃姆节奏以 $\frac{2}{4}$ 拍、$\frac{4}{4}$ 拍为主，个别地区也有 $\frac{5}{8}$ 拍，比较少见。（手鼓演奏符号："X" 发音为咚，击鼓面，"|" 发音为嗒，击鼓边）

基本鼓点为：

$\frac{4}{4}$ X || 0X|　X X |||　X || 0X|　X X | 0 ||

$\frac{5}{8}$ X　 | X |||

赛乃姆舞蹈转快部分的鼓点为"赛乃凯斯"，基本鼓点为：

$\frac{2}{4}$ X. | X | | X | | X |||

$\frac{2}{4}$ X | X | | X || X |||　等

库车赛乃姆

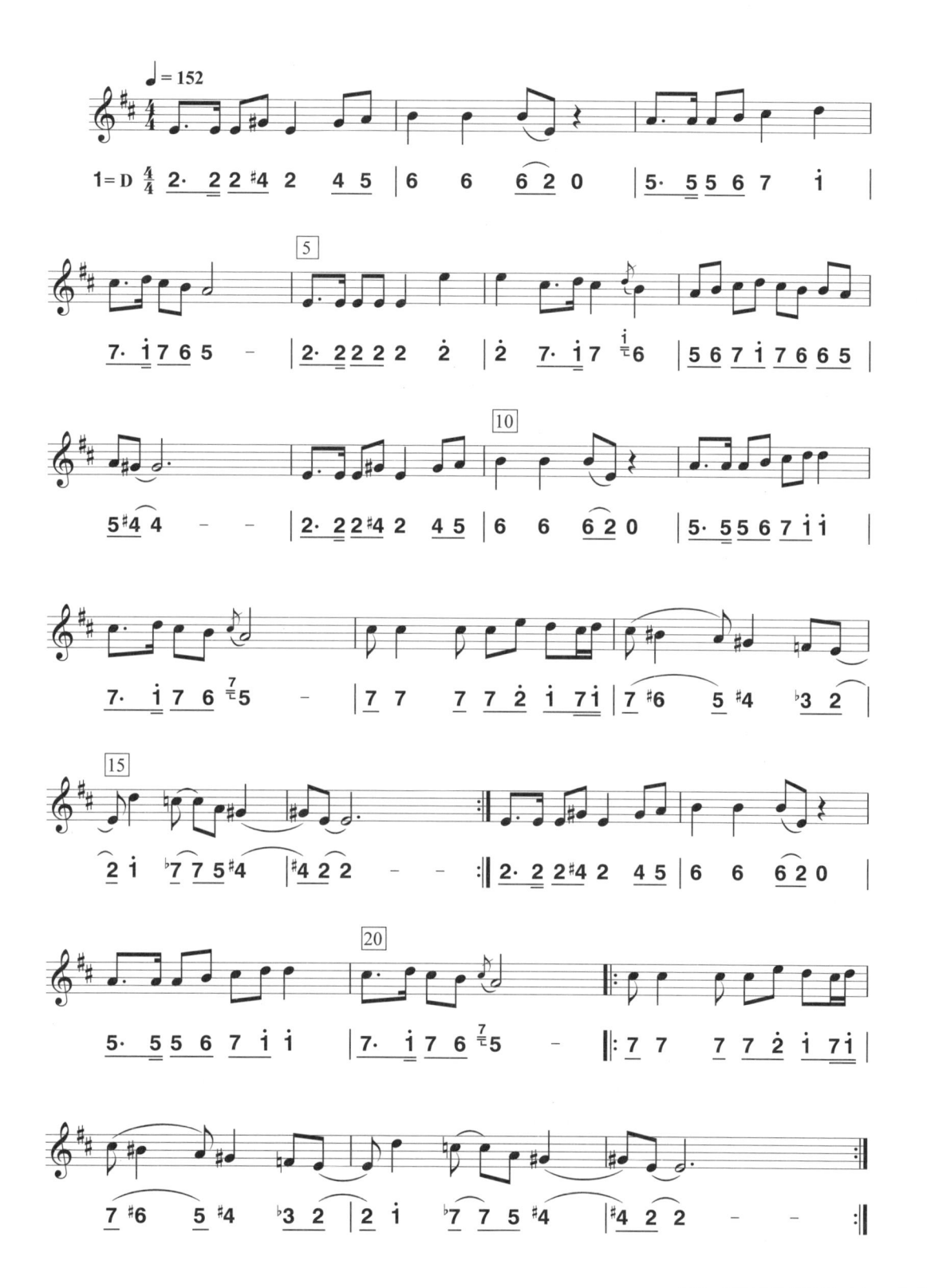

144　中国多民族非遗传统舞蹈之节奏与应用（一）

十二、维吾尔族赛乃姆 145

哈密赛乃姆

刘 炅 记谱

1=C 5/8

| 0 5 5 5 53 | 2 5 6 1̇2̇1̇7 | 6 6 6 5 5#4 | 5 6 6 6 6 |

| 1̇ 1̇ 2̇ 1̇2̇3̇ | 3̇ 3̇ 2̇ 1̇ 1̇7 | 6 6 6 5 5#4 | 5 6 6 6 6 |

| 1̇ 1̇ 2̇ 1̇76 | 5 5 4 4 5 | 5 6 6 5 4 | 3 2 3 456 |

| 0 1̇ 2̇ 1̇76 | 5 5 4 4 5 | 5 6 6 5 4 | 3 2 2 2 ‖

十三、朝鲜族长鼓舞

（一）历史文化背景

朝鲜族长鼓舞是朝鲜族最具代表性的舞蹈之一，是身挎长鼓表演的道具舞蹈，主要流传在吉林省延边朝鲜族自治州及其他朝鲜族聚居区。它脱胎于朝鲜族传统的农乐（yuè）舞，至今已有上千年的历史。2008年被列入第二批国家级非物质文化遗产名录。

"长鼓"在史料中曾以"腰鼓"、"细腰鼓"、"杖鼓"等名称载入史册。1493年朝鲜音乐家成伣等编撰的《乐学轨范》载："文献通考云，羯鼓、杖鼓、腰鼓，汉魏用之，大者以瓦，小者以木，类皆广首细腹，宋萧史所谓细腰鼓是也，右击以杖，左拍以手，后世谓之杖鼓。"关于"长鼓"的起源有不同的说法，一说"长鼓"出自龟兹一带，宋代陈旸《乐书》中有"昔苻坚破龟兹国，获羯鼓、杖鼓、腰鼓，汉魏用之"；一说"长鼓"源自印度的细腰鼓，公元四世纪时，细腰鼓通过丝绸之路传入我国中原用于乐队的打击乐，而且也用做舞者的舞具。敦煌、云岗石窟壁画中有近似"长鼓"的舞乐图，"在敦煌北魏（公元386-534年）壁画中已有类似长鼓的舞乐图，舞蹈时由舞者将长鼓挎身前，左手拍鼓面，右手持一细长鼓槌敲击，边击边舞。"[①]

朝鲜族是从事水田种植的古老民族，其民间舞蹈具有农耕劳动的特征，是劳动人民从原始狩猎生活到农业生产的历史演变过程中创造的，反映了人们的劳动生活和风俗习惯。朝鲜族民间舞蹈种类繁多，有流行于农村的农乐舞；海边渔民的奉足舞；山区的狩猎舞；表现爱国精神的通德阵出阵舞及揭露剥削者暴行和空虚的假面舞。还有一些带有迷信色彩的舞蹈，如巫党舞、寺党舞，以及民间圆舞形式的"顿多拉里"和多种带小道具表演的舞蹈。其中扇舞、刀舞、假面舞、法鼓舞原是为皇宫服务的舞蹈，后来流传到民间。

[①] 朴永光：《朝鲜族舞蹈史》，人民音乐出版社1997版，第136页。

"农乐舞"俗称"农乐",流传于吉林、黑龙江、辽宁等朝鲜族聚居区。其历史可追溯到古朝鲜时代春播秋收时的祭天仪式中的"踩地神"。"农乐舞"是一种融音乐、舞蹈、演唱为一体综合性的民族民间艺术。"农乐舞"一般有两种形式:一种是以舞蹈和哑剧形式进行情节性的演出;另一种是在新年伊始和欢庆丰收时节,以热烈而丰富的传统舞蹈为内容所进行的群众性表演活动。农乐舞演出时,最前方由令旗和一面写有"农业为天下之本"的农旗为先导,随后是一名在队首敲打小锣担任总指挥的男子。在他的带领下,手拿太平箫、喇叭及各种鼓类乐器的乐队和各种乔装人物组成舞队的仪仗部分。"农乐舞"包括青年男子表演的"小鼓舞"、舞童表演的"叠罗汉"、多人表演的传统"扁鼓舞"、男女都可表演的"长鼓舞"、多人持大型花扇表演的源于古代"巫舞"的"扇舞"、假形舞蹈"鹤舞"、以及最后压阵的男子"象帽舞"。象帽舞向来是令人瞩目和兴奋激动的舞蹈,男青年舞者头部甩动长达20米彩带的高难技巧,令人目不暇接,成为"农乐舞"最突出的标志之一。

"长鼓舞"起初存在于农乐舞中,在跳农乐舞的过程中,由于情绪的高涨,便不由自主地跳起长鼓舞。农乐舞中的长鼓表演一般由一至二人表演,有时也可增加舞员,它是农乐舞中呈显技艺的一段。通常分三个部分,先由小金(朝鲜族打击乐器)引入献技场地,长鼓表演者边击鼓边随着小金入场;第二部分是击鼓表演,舞者右手持竹杖,左手持鼓槌,击出各种鼓点。速度由慢到快,鼓点由简至繁,在击鼓的同时舞者在场内来回跑动,更增添热烈的气氛;第三部分是圈功技术,舞者边击鼓边做"躺身蹦子",时而也摇动象帽。圈功颇具杂技色彩,舞者在观众热烈的呼号与打击乐震耳的伴奏声中完成圈功。农乐舞中的长鼓表演虽然只是其中的一部分,且侧重于击鼓表演,但是击鼓本身的动作性为长鼓舞的形成奠定了基础。

(二)表演形式

朝鲜族长鼓舞既可集体表演,也可单独表演。女性长鼓舞风格优雅,男性长鼓舞活泼潇洒。表演时以扛手、伸肩、鹊雀步等动作为主,舞者肩挎长鼓,边跳边敲。长鼓不仅是舞蹈的道具,也是伴奏乐器。整个舞蹈集演奏、演唱、舞蹈于一体,实现了人、鼓、乐的高度协调。

朝鲜族长鼓分伴奏长鼓和舞蹈长鼓两种,区别在于伴奏长鼓的共鸣声要比舞蹈长鼓的共鸣声大。其形状都是两端粗空,形成两个共鸣腔,用梧桐木或鳞松木制作共鸣箱(鼓身),中间细实。两端共鸣腔鼓面蒙以动物皮。右手用细竹杖击打的面称杖面(高音鼓面),蒙以狗或狍子的生皮。左手边用手或槌来击打的面叫鼓面(低音鼓面),

蒙以马皮或牛皮。鼓面比杖面相对粗大，杖面比鼓面的音程高四度至五度。杖面和鼓面用松紧绳连接起来，用以调节音调。

朝鲜族长鼓舞有两种击打方式：一种为跳舞者使用竹杖（高音鼓槌）和鼓槌（低音鼓槌）。舞蹈开始时鼓槌插在长鼓上，舞者只用竹杖与指掌配合边击边舞，当舞蹈进行至快板高潮时，才从长鼓上抽出鼓槌来进行技巧表演；另一种是只用竹杖不用鼓槌，持竹杖随乐起舞。鼓槌和竹杖在表演过程中往往与上肢一同起舞，由于左手主要起到稳定音节的作用，所以一般用右手竹杖的舞蹈动作较多，尤其是使用腕部动作更多。长鼓击打的轻重缓急与舞姿完美配合，将长鼓舞的击打技巧、鼓技和舞者的舞韵完美融合，击打节奏技巧是鼓与舞的重要衔接部分。随着长鼓舞的发展，现代的长鼓舞击打技法更是花样翻新，强弱鲜明，配合优美的舞姿和娴熟的鼓技，更具美感，给人以美好的艺术享受。

民间流行的长鼓舞共分三个表演段落：第一段，击"古格里长短"，舞者在击鼓中抒发喜悦情感。舞姿柔和，多以动作的幅度大、曲线多和速度缓慢为特点。第二段，演奏"安旦长短"，由喜悦向欢快进展。以双手击鼓（右手持竹杖，左手持鼓槌）的娴熟技法和轻盈的移步，表现对幸福生活的向往。第三段，演奏"挥莫里长短"，情绪由欢快逐渐升华至高潮，最后以激情似火的舞姿达到沸腾的顶点。

图1　朝鲜族长鼓

图2　朝鲜族长鼓舞

（三）音乐节奏特点

1 音乐特点

"长短"是朝鲜族语言"장단"的音译，是朝鲜族民族音乐中的专业术语。"长短"原是打击乐器长鼓的一种节奏音型模式，以节奏、节拍、速度、强弱、抑扬等丰富多彩的组合与变化为其主要特征，形成了具有若干特性的节奏音型序列。"长短"源于公元前后朝鲜三国（高句丽、百济、新罗）鼎立以来所形成的民俗音乐和宫廷雅乐。在两千多年的历史进程中，各种长短之间不仅存在渊源关系，而且大体上经历了一个由简到繁、由初级到高级、由少数到多数的发展演化过程。其显著特点是，中世纪初流行的慢而长的复合拍子逐步被简化，慢而抻的"长短"随着时代的变迁逐渐向轻快、活泼方向发展。

朝鲜族"长短"大致可分为五种类型：

（1）根据速度而命名的长短，如"长莫里长短""中莫里长短""扎津莫里长短""须莫里长短"等。"莫里"是朝语的音译，"推进"的意思。"长莫里"是慢速推进、"中莫里"是中速推进、"扎津莫里"是快速推进、"须莫里"是更快速度推进。

（2）以情绪概念而命名的长短，如"抒情长短"等。

（3）以人民群众喜闻乐见的歌名、曲名而命名的长短，如"阳山道长短""嗡嘿呀长短""丰年歌长短"等。

（4）根据长短的构成形态而命名的长短，如"道道里长短"等。

（5）模拟长短声音状态而命名的长短，如"噔嘚宫长短"。[1]

各种类型的长短都有着各自的独特性与表情性，并且每种长短都有自己的基本型和变奏型，变奏型少则三、四种、多则六、七种。这些丰富多彩的长短体结构形式，对塑造艺术形象、表达音乐情感起着重要的作用。

经常使用的长短有：古格里长短、安旦长短、中莫里长短、扎津莫里长短（满长短）、挥莫里长短、嗯莫里长短、阳山道长短、萨尔普里长短、打令长短、噔嘚空长短、晋阳调长短。

（1）古格里长短（굿거리 장단）

"古格里长短"即是长短名称，又被用作乐曲的名字。柔和、优美、舒展且节奏鲜明，中速行板，是在朝鲜民族传统音乐器乐曲、舞蹈音乐及歌谣中出现频率最高的长

---

[1] 王宝林：《朝鲜族民族音乐"长短"的初步研究》，中国音乐家协会延边分会1988年，第2页。

短。古时踏着此长短行进走步，故称"路军乐"，在农乐舞中称为"农乐四槌"。以$\frac{12}{8}$拍为一个长短，或$\frac{6}{8}$拍两小节为一个长短。代表性民谣是《梦金浦打令》(몽금포 타령)。

（2）扎津莫里长短（满长短）：(자진모리 장단)

"扎津莫里长短"在舞蹈音乐中称为"扎津古格里长短"，用于农乐舞中称为"农乐三槌"。这一"长短"推动力强且极富韵律特征，常用于营造喜庆气氛及欢声笑语的场景。以$\frac{12}{8}$拍为一个长短。代表性民谣是《花打令》(꽃타령)。

（3）安旦长短 (안딴 장단)

"安旦长短"欢快、热烈，一般速度稍快。根据速度快慢可以分为慢安旦、安旦、扎津安旦三种，塑造性格不同的音乐形象。速度放慢时彰显优雅抒情，而速度加快时则活泼热烈，适用于节奏感强的舞蹈伴奏音乐中。以$\frac{4}{4}$拍为一个长短。代表性民谣是《八景歌》(팔경가)。

（4）中莫里长短 (중모리 장단)

"中莫里长短"柔和而优雅，以$\frac{12}{8}$拍为一个长短，或$\frac{6}{8}$拍两小节为一个长短。代表性民谣是《纺车打令》(물레타령)。

（5）挥莫里长短：(휘모리 장단)

"挥莫里长短"是"长短"中速度最快的节奏形态，朝鲜族语言中"挥"代表"旋"或"急速旋转"的意思，从字意上可知"挥莫里"即快速推进、追赶或急速旋转之意。以$\frac{2}{4}$拍为一个长短。代表性民谣是《梅娜里》(미나리)。

（6）嗯莫里长短 (엇모리 장단)

"嗯莫里长短"中的"嗯"在朝鲜族语言中有"错开、相反"之意，以$\frac{5}{8}$拍两小节为一个长短，是(3+2)混合拍子的节奏形态，律动感强。代表性的民谣是《永川阿里郎》(영천아리랑)。

（7）阳山道长短 (양산도 장단)

"阳山道长短"具有轻快、喜悦的情绪，以$\frac{9}{8}$拍为一个长短。代表性民谣是《密阳阿里郎》(밀양아리랑)。

（8）煞尔普里长短 (살풀이 장단)

"煞尔普里长短"中的音译"普里"是"解"或"化解"的意思，"煞尔普里"即"解煞"之意。此"长短"原本多用于巫婆祈求神明时的宗教仪式音乐中，现在已成为大众所熟知的传统节奏。节奏表现的情绪相对平静，飘逸温和，演奏此长短时经常嘴里哼哼"孰不里山、孰不里山"，故也称"孰不里山长短"。由于此长短是巫俗节奏型，

因此没有代表性民谣。以$\frac{12}{8}$拍为一个长短。舞蹈《顶水舞》(물동이춤)的音乐用到此节奏。

(9) 打令长短 (타령 장단)

"打令长短"欢快洒脱、充满活力，极富韵律特征，在最初移居中国的朝鲜族同胞中最受青睐。根据速度可分为"诺林打令长短"("诺林"是音译，有"慢""慢腾腾"的意思)"打令长短""扎津打令长短"。以$\frac{12}{8}$拍为一个长短。代表性民谣是《风箱打令》(풍구타령)。

(10) 噔嘚空长短 (덩덕궁 장단)

"噔嘚空长短"欢快热烈、乐观豪放。速度可以加快，加快后称为"扎津噔嘚空长短"。以$\frac{12}{8}$拍为一个长短。现代民谣《东喜儿打令》(둥실타령)用到此节奏。

(11) 晋阳调长短 (진양조 장단)

"晋阳调长短"在朝鲜族"长短"节奏中是长度最长且速度最慢的一种节奏形态。"晋"表示"长""慢"，"阳"表示"歌"。这一"长短"每小节为$\frac{18}{8}$拍，是以四小节为一个周期的"长短节奏"。代表性民谣是《六字佰伊》(육자배기)。

2 节奏特点

朝鲜族语言的重音安排往往形成前长后短或前短后长的节奏形式，这种语音上的特点，与朝鲜音乐的三拍子倾向有明显关系。

长鼓的"长短"节奏特点是节拍以三拍为主，重音主要体现在第一拍和第三拍上，如$\frac{6}{8}$、$\frac{9}{8}$、$\frac{12}{8}$拍，分别可以认为是以八分音符为一拍的两个三拍、三个三拍、四个三拍的节奏组合。

也有$\frac{2}{4}$拍和$\frac{4}{4}$拍的，如"挥莫里长短"和"安旦长短"。

还有$\frac{5}{8}$拍混合拍子的"长短"节奏，如"嗯莫里长短"。

长鼓演奏的常用技法有：

合槌：高、低音鼓面同时击打，念"噔"。

高音槌：右手击打高音鼓面，念"嗒"。

低音槌：左手击打低音鼓面，念"空"。

高音装饰槌：在高音槌前连击一槌，念"给嗒"。

低音装饰槌：在低音槌前连击一槌，念"库空"。

抖槌：在高音鼓面上连续抖槌击打，念"嗒拉拉拉"。

压槌：压着鼓面击打，念"嘚"。

名　称	读　法	音　符
合　槌	噔	♩ , ♩
高音槌	嗒	♩
低音槌	空	♩
高音装饰槌	给　嗒	♪♩
低音装饰槌	库　空	♪♩
抖　槌	嗒啦啦啦	♩
压　槌	噏	♩ , ♩

朝鲜族传统舞蹈伴奏常用"长短"

（1）古格里长短　♩.＝50－60

乐谱：

字谱：

给噔		给嗒	给噔	嗒啦啦啦	啦啦啦啦	给噔		给嗒	给噔	嗒	

（每一格代表一个八分音符的时值）

（2）扎津莫里长短（满长短）或扎津古格里长短　♩.＝96－108

乐谱：

字谱：

给噔		嗒	空	嗒		给噔		嗒	空	嗒	

十三、朝鲜族长鼓舞　153

（3）安旦长短　♩=88－120

乐谱：

字谱：

| 给噔 | | 给嗒 | 嗒 | 空 | 嗒 | 空 | 嗒嗒 |

（4）中莫里长短　♩.=66－95

乐谱：

字谱：

| 给噔 | | 嗒 | 给噔 | | 嗒 | 库空 | 空 | 嗒 | 给噔 | | 嗒 |

（5）挥莫里长短　♩=120－180

乐谱：

字谱：

| 噔 | 嗒嗒 | 空嗒 | 空 |

（6）嗯莫里长短　♩=90－110

乐谱：

字谱：

| 给噔 | 嗒嗒 | 嗒 | 空 | 嗒 | 空 | | 嗒 | 空 | |

（7）阳山道长短　♩.=90－110

乐谱：

字谱：

| 给噔 | | | 给噔 | 嗒 | 空 | 嗒 | |

（8）煞尔普里长短 ♩.=60—80

乐谱：

字谱：

| 给噔 | 嗒啦啦啦 | 啦啦啦啦 | 给噔 | 嗒啦啦啦 | 啦啦啦啦 | 给噔 | 嗒啦啦啦 | 啦啦啦啦 | 空 | 给嗒 | 空 |

（9）打令长短 ♩.=60—80

乐谱：

字谱：

| 给噔 | | | 给嗒 | | 嗒 | 库空 | | 给嗒 | | |

（10）噔嘚空长短 ♩.=90—110

乐谱：

字谱：

| 噔 | 0 | 嗒 | 噔 | 噔 | 0 | 嗒 | 噔 | 噔 | 0 | 嗒 | 噔 | 噔 | | 噔 |

（**0**表示休止，不念出来，时值要占用）

（11）晋阳调长短 ♩.=38

乐谱：

十三、朝鲜族长鼓舞 155

字谱：

| 给噔 | | 空 | | 空 | | 空 | | 给嗒 | | 给嗒 | | 嗒 |

| 库空 | | 空 | | 空 | | 空 | | 给噔 | 噔 | 0嗒 | 给噔 | 给噔 |

梦金浦打令

古格里长短

刘 艮 记谱

$1=\flat E$ $\frac{12}{8}$ ♩.=108

3 5 5 5 | 1 6 5 6 5 3· | 3 5 5 5 | 1 6 5 6 5 1 2 1 6 |

1 2 1 6 1· 2 3 3· | 5 6 5 3 2 1 6 6 3· 2 1 6 | 1 6· |

[5] 1 1 2 6 1 1 2 6 3 5 5 5· | 5· 5 6 5 3 2 1 6 6 3· 2 1 | 6 1 6 0· 0 ‖

花 打 令

扎津莫里长短（满长短）

刘 艮 记谱

♩. = 108

1=♭E 12/8

| 1 6̲6̲6 6· 6· | 6· 6· 6· 6· | 1 6̲6̲6̲6̲5 6̲3 |

| 5̲5̲ 6̲6̲ 1̲1̲ 2̲2̲ | 3̲2̲3̲2̲1̲6̲5̲6̲5̲1̲ 1 | 1· 1· 1· 1· |

| 6 6̲6̲6̲6̲ 6̲6̲6̲5̲ | 1 6̲6̲ 6̲5̲5̲ 3· | 5 6̲6̲6̲ 1̲6̲ 6· |

| 3 2̲2· 2̲2̲1̲6· | 6 6̲6̲6̲6̲ 6̲5· | 1 2̲3̲2̲3̲2̲ 1̲2· |

| 3̲2̲3̲2̲1̲6̲5̲6̲5̲6· | 6· 6̲6̲ 6 6̲6̲ | 1 6̲6̲6̲ 5 6̲3· |

| 5̲5̲ 6̲6̲ 1̲1̲ 2̲2̲ | 3̲2̲3̲2̲1̲6̲5̲6̲5̲1̲ 1 | 1· 1· 1· 1· ‖

十三、朝鲜族长鼓舞　157

八景歌

安旦长短

金元昌 记谱

纺车打令

中莫里长短

刘 艮 记谱

梅 娜 里

挥莫里长短

李黄勋 记谱

永川阿里郎

嗯莫里长短

刘 艮 记谱

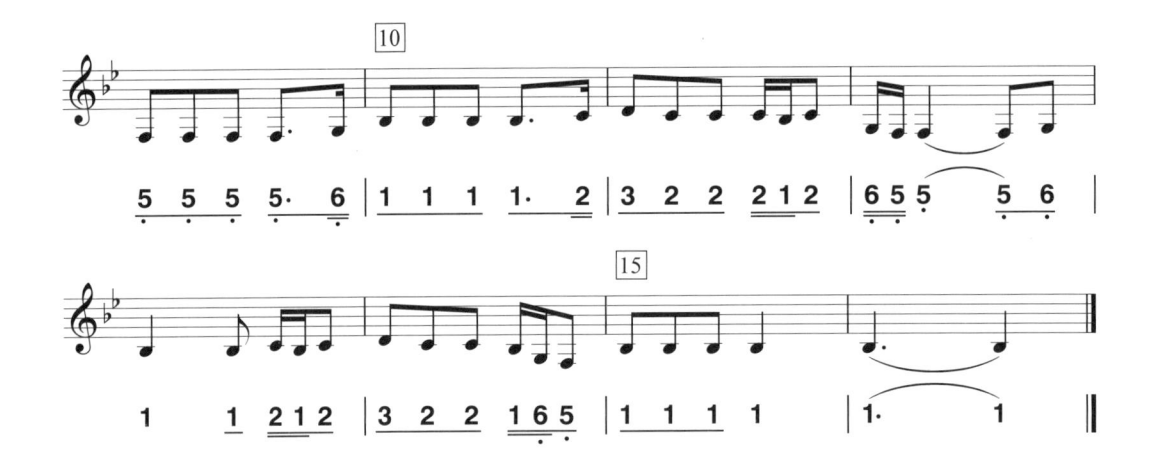

密阳阿里郎

阳山道长短

刘 艮 记谱

顶 水 舞

煞尔普里长短

刘 艮 记谱

1=B 12/8

162　中国多民族非遗传统舞蹈之节奏与应用（一）

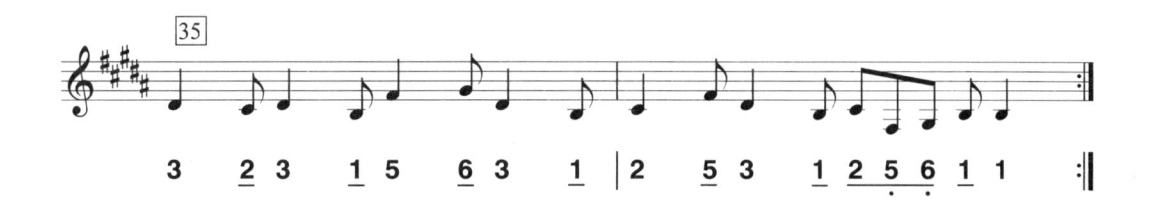

风箱打令

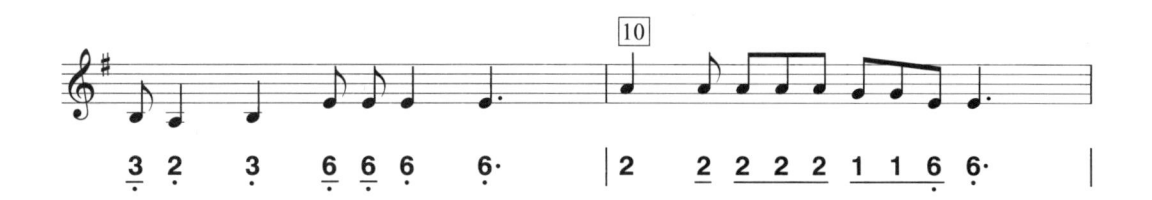

打令长短

刘 㠪 记谱

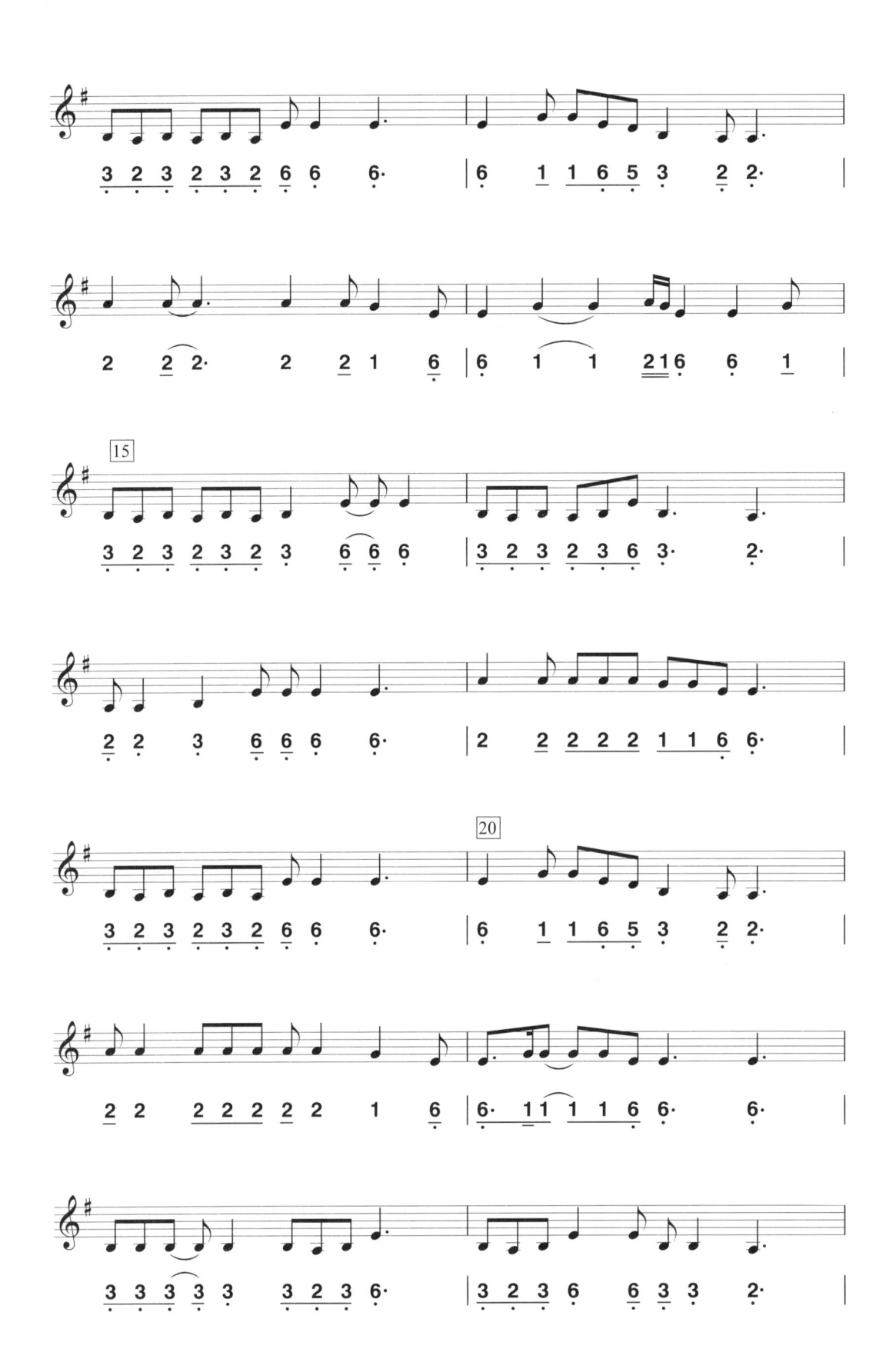

164 中国多民族非遗传统舞蹈之节奏与应用（一）

十三、朝鲜族长鼓舞

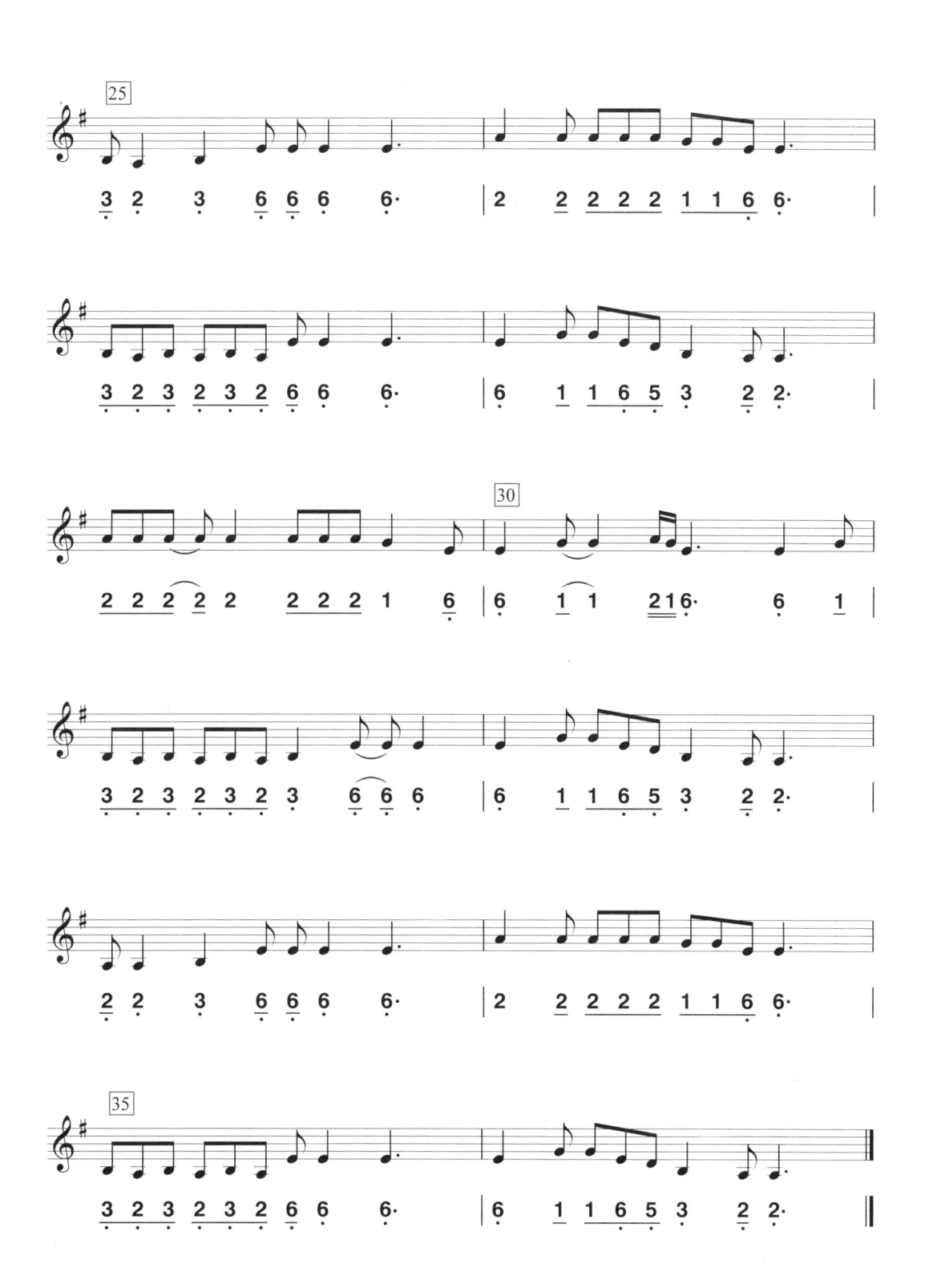

东喜儿打令

噔嘚空长短

刘 艮 记谱

六字佰伊

晋阳调长短

刘 艮 记谱

十三、朝鲜族长鼓舞

《六字佰伊》：六拍子为单位的"晋阳调长短"而得名，朝鲜族传统民歌歌牌的一种。

十四、瑶族铜鼓舞（南丹勤泽格拉）

（一）历史文化背景

铜鼓舞（勤泽格拉）是白裤瑶最具代表性的舞种，起源于丧葬习俗。"勤泽格拉（là）"是瑶语，汉语的意思是"猴棍舞"。主要是以多个铜鼓、风桶配合产生特有的乐音，与一名击打皮鼓并起舞的鼓者相呼应。2014年被列入第四批国家级非物质文化遗产代表性项目名录。

白裤瑶是瑶族的一个支系，自称"朵努（nú）"，"朵努"是瑶语，汉语的意思是"人之子"。因男子穿齐膝白裤，故称为"白裤瑶"，女性的服装更具有原始特征，上衣为前一片儿后一片儿，故又称为"两片瑶"。白裤瑶被联合国教科文组织认定为民族文化保留最完整的一个民族，称为"人类文明的活化石"。白裤瑶是一个由原始社会生活形态直接跨入现代社会生活形态的民族，至今仍遗留着母系社会向父系社会过渡阶段的社会文化信息。主要聚居在广西西北的里湖瑶族乡的怀里、懂甲、仁广、瑶里、岜地、化果和八圩瑶族乡的立坳、利乐、汉度、七圩、大瑶寨、关西等村屯。瑶族原始居住地是长沙，据里湖瑶族乡蛮降和皇尚屯的陆纪立、何老解两位瑶族老人讲，他们是从湖南、贵州一带搬迁来的，由贵州来的一支苗族也到里湖与我们瑶族共同生活，演变为今天的白裤瑶，白裤瑶的语言属于苗语系。至今仍有婚姻关系松弛、舅权制、"独桌"（瑶语，汉语是"油锅"）组织的历史遗风残存。喝酒、劝酒、拉亲、摇亲、撵山（打猎）、砍牛祭祖、男女在结婚后都要蓄发裹头巾、酷爱养鸟等，这些都是白裤瑶的生活风俗习惯，有"瑶山三件宝，喝酒、撵山和养鸟"之称。腊染、织布、唱细语歌、婚姻、打铜鼓、打陀螺等民族文化方面与外界没有任何交流，只局限于本民族之间。

铜鼓舞是白裤瑶在办丧事时而跳的，很少为节日娱乐之用。流传在里湖、八圩两个瑶族乡的怀里、仁广、懂甲、岜地、化果、瑶里、纪后、蛮降、利乐、立坳、汉度等村屯。活动时间在每年的秋收后，开春之前跳铜鼓舞最为频繁。春节和正月十五也有打铜鼓，但不跳铜鼓舞。因为白裤瑶受环境、经济、农活等特定条件的制约，如寨上老人不在此规定时间内死亡，他们便将老人暂时埋在家里堂屋中或屋檐下，待到秋后才能举行葬礼（砍牛－打铜鼓－跳铜鼓舞）方能把老人抬到山上埋葬。

关于葬礼风俗中的砍牛有一个传说。据大瑶寨村潘老岩口述：在很古老的时候，白裤瑶寨上死去的人不抬去山上埋，而是将人肉分来吃，在牛栏关（现称大瑶寨）的山寨下住着姓兰的一家，老洒和他母亲两人相依为命，老洒总想弄点好吃的东西给母亲补养身体，母亲说"吃什么都不要紧，就是不能吃寨子上送来的肉"。因此，寨上的人死了，头领派人送来的肉母亲都一块块地腊起，老洒不理解但又不敢多问。一天他家的白牛在山上要生仔了，一连叫了三天三夜生不下来，他很着急地跑回家把牛难产的事讲给母亲听，母亲擦泪说："白母牛生仔你看到了，我生你也不容易啊，几次要死去活来。我现在老了，不久也要死去，我死后山寨头领要把我的肉割成一块块分给你们吃，我心里难受啊！"老洒听了很痛心，原来山寨头领分给大家吃的都是人肉，吃了人家的肉就欠了"肉债"，将来怎么还得起啊！于是他安慰母亲说："妈你放心，你死后我把你藏起来，不让大家吃肉就行了"。不久，老洒的母亲病死了。老洒偷偷的把母亲背进山洞，用门板盖好，寨上无人知道。几个月后，山寨头领上山打猎，撵着一只野兔进了山洞，发现门板下面盖着老洒母亲的尸体，而且已经发臭不能吃了。于是回头责问老洒："你吃了人家的肉欠了"肉债"，为什么你母亲死了不分给大家吃呢？老洒说："寨子上送来的肉我们一块也没有吃，全都腊在火坑楼上，现在全部退还给你们"，说完把一块块干人肉送还给各家各户。可是山寨头领说他违背寨规，罚他拿出新肉给大家。老洒没有办法，只好从栏里牵来白母牛拴在大田中间，当着全寨人哭诉说："水有源，树有根，人人都是父母生，老洒不吃父母肉，愿砍白牛报母恩"。说完，围着白牛转三圈，撒谷种、喂青草，依依不舍将牛砍倒，割成一块块牛肉分给山寨头人和各家各户，然后拿着牛头到山洞供祭母亲。全寨人看了，人人低头擦泪，痛悔过去吃父母肉的过错。从此，瑶族山寨破除了吃人肉的旧规。人死后，以砍牛祭丧，停尸岩葬，成了后来瑶族的葬礼风俗。[①]

关于铜鼓舞的由来，据里湖皇上屯何老解口述：很久以前，居住在深山老林里的瑶族兰老宠，在黄豆收获季节去收黄豆。由于天气炎热，加上劳累过度便躺在黄豆竿堆里睡着了。爱偷黄豆吃的母猴带着很多猴子来偷黄豆吃，一到黄豆地里，见兰老宠

[①] 姚志虎、陈海英编写：《南丹县瑶族铜鼓舞"勤泽格拉"资料汇编》（上册），南丹县民族民间舞蹈集成编写小组1986年，第11页。

睡在未曾打的黄豆堆里，猴子们认为是它们的祖先死了，于是母猴传令赶快把山洞里的铜鼓抬来，打铜鼓向祖先致哀。猴子们把铜鼓抬来后便敲打铜鼓，所有的猴子手舞足蹈地围着铜鼓跳起"舞"来。兰老宠被这突然传来的铜鼓声和猴子唔！唔！的叫声惊醒了。他睁开眼一看，见那么多的猴子在敲打铜鼓跳"舞"，于是大喊一声，犹似晴天劈雳，所有的猴子听到这一喊声都逃进山洞里去了。兰老宠便轻而易举地把铜鼓带回家，并把看到的情景一一叙述给大家听。而后他每天在家里模仿猴子打铜鼓和跳"舞"的动作，学习打铜鼓和跳"舞"。[1]

在白裤瑶民间，铜鼓被认为是一种魂魄活物，他们不仅是权利和财富的象征，更是记载历史的珍贵"书籍"。据了解，白裤瑶每个家族都会收藏一面铜鼓，它是家族中的重要成员，因此每一面铜鼓都会有个响亮的名字。当铜鼓买回来后，铜鼓的主人必须请来当地有声望的祭师为铜鼓举行隆重的命名仪式。

白裤瑶的铜鼓只在丧葬时使用。他们认为铜鼓声可以将死者的灵魂送上天堂。

铜鼓是他们心目中的"重器、神器"，具有着保佑家族和祈福纳祥之功用，平日一定要封藏好，并不能随意敲击和碰撞，否则天上的神灵会降罪于这家人。

皮鼓也是白裤瑶人心中的神器，它是家族的象征和徽记，每个家族（"油锅"组织）只能共有一个。如果某个家族要换制一面新皮鼓，一定要由"鬼师"选择一个吉祥日进入深山蒙牛皮，在蒙牛皮这一天，除做鼓人外，其他任何人不得进山，否则被不相干人撞见，冒犯之人会有血光之灾。皮鼓做好后，和铜鼓一样，女人是无论如何不允许碰的。

直到改革开放以后铜鼓舞才会在过年过节的时候被作为娱乐项目表演。铜鼓舞是一个由皮鼓演奏者边打边跳的一个独舞形式，2000年左右才有了群舞的形式，但在葬礼上依然是独舞的形式。2002年开始才有了女人可以学习和参加打铜鼓的活动。

白裤瑶的服装都是手工制作的，在女子的衣服背后都绣有一个方形图案。大体图案有九种，不同的种族分支，每个家族背后都有自己的图纹，看到图案就知道是哪个村的村民。相传在古时候，丹州府有个贪心的土司，为了吞霸白裤瑶的疆城领土连年进犯瑶寨。土司听说瑶王有个金印，此印神力无边，想要占为己有。于是想出一条"和亲盗印"的奸计，写封书信择吉日送至瑶王府上求和，让土司少爷上门与瑶王千金成亲，还割出数百亩肥田好地作为聘礼。心地善良的瑶王不知是计，便答应了土司的

---

[1] 姚志虎、陈海英编写：《南丹县瑶族铜鼓舞"勤泽格拉"资料汇编》（上册），南丹县民族民间舞蹈集成编写小组1986年，第13页。

图1　白裤瑶铜鼓舞表演

请求。壮、瑶和亲七年整，人们安居乐业。瑶王对土司早已失去了应有的警惕。又一年六月三十，瑶年到了。土司照例办了一份丰厚的年礼送到瑶王家中。席间两亲家谈笑风生举杯共饮，人们醉倒在欢乐之中。土司便用红薯雕成的假图章将瑶王的金印给调换了。土司"和亲盗印"的计划得逞后便撕下了和亲的面具，狮子大开口要瑶王割让领土，否则兵戎相见。瑶王大怒，下令备战，这时才发现印章已被调换。没有了金印的神力，瑶王打了败仗，被土司赶到荒无人烟的深山老林里。白裤瑶人民背井离乡过着艰苦的生活，瑶王为了让瑶民们吸取"和亲盗印"的惨痛教训，把金印的图案绘绣在女子上衣的背上，从此代代相传至今。

（二）表演形式

铜鼓舞在丧葬仪式上是在砍牛结束后开始的。人数不限，以铜鼓的多少而定，每个铜鼓由一个人演奏，旁边一个人配合节奏抽送风桶。场地中间放置一面皮鼓，皮鼓手（舞者）双手持鼓槌单击、双击、转身、蹲跳，边击边舞，舞姿矫健洒脱。铜鼓和风桶配合奏出的声音时轻时重，时缓时急，音调和谐浑然一体。

铜鼓的摆法是以铜鼓的数量多少而定，它们以唯一的一面大皮鼓为中心，正对皮鼓摆成"一"字形、"L"字形，或"口"字形。在铜鼓的摆放上一般遵循"从舅家原

图2 白裤瑶铜鼓舞（丧葬仪式上的铜鼓）

则"，舅家的铜鼓必须放在中间，而且必须等舅家来时才开始敲，应该是族群崇尚"舅权"为大的观念有关。铜鼓手们随着皮鼓的鼓点，半躬着身，侧对着皮鼓手，用鼓槌和竹片分别敲击铜鼓面的中心和鼓身。铜鼓用粗藤或麻绳系住铜鼓一只鼓耳，让其侧悬，鼓面朝向皮鼓，离地约10厘米。它演奏起来较为方便，能让鼓身完全振动，并且声音传播不受阻挡，因此最容易发挥各种技巧，并能得到浑厚的音响效果。

风桶的运用虽然不是白裤瑶独有的，但也是在众多南方少数民族中极其少见的，如贵州三都水族、云南文山壮族、贵州苗族的铜鼓也用到风桶，但是都没有白裤瑶风桶在演奏中声波变化起伏大，节奏变换样式多。风桶外形、大小、高矮、粗细与农户家中用的木水桶相似，只是无提手罢了。风桶演奏者左右手分别拿住上下两端桶边并横持，和铜鼓手同向，躬身站在铜鼓后面，配合铜鼓鼓点，频繁有规律有节奏地将风桶口部从铜鼓侧面推进鼓腔，接着又迅速抽出。一推一抽，在瞬间调节铜鼓的共鸣腔，使铜鼓发出"钟鸣"似的声潮和"浑厚低沉"的回音，宛然有一种风转音回、山鸣谷应的效果。

铜鼓舞的基本动作有：双击鼓，绕鼓双击鼓，绕鼓双击鼓边，单击鼓和击顶、击耳、击颈、击腋、击后腰、击大腿、击腘、击膝、击小腿、击脚十个猴子戏鼓共十四个基本动作。铜鼓舞的独特之处在于含胸扣背，膝盖有力地屈伸并均匀明显的上下起

十四、瑶族铜鼓舞（南丹勤泽格拉） 173

图3　皮鼓　　　　　　　　　　　　图4　铜鼓和风桶

伏，自然形成了重拍在上的舞蹈形态。动作有模仿猴子爬树、猴子摘果子、猴子挠痒等动态形象。所以在舞动时是模仿猴子弯腰弓背的样子。它的风格特点是：动作古朴、粗犷敏捷、刚劲有力。

铜鼓舞有四种打法：怀里式、瑶里式、纪后式、岜地式。岜地式基本与怀里式相同，只有在转换鼓点节奏前皮鼓击打鼓梆时略有不同，其它与怀里式完全一致，铜鼓的打法与怀里式一模一样。在猴子戏鼓十个动作的顺序上，只有瑶里式是从脚打到头，其余都是从头打到脚。

（三）音乐节奏特点

1　音乐特点

白裤瑶打铜鼓时，由皮鼓指挥，并在鼓槌、风桶等器具的共同配合下奏出独特的具有穿透力的鼓声，鼓点节奏可分为：怀里式、纪后式、瑶里式、岜地式。怀里式是流传最广，应用最普遍的打法。鼓点的名字是以村庄的名字命名的，以前有这样一个说法：怀里村的人只打怀里式鼓点，瑶里村的人也只打瑶里式鼓点。现在平时娱乐时，大家可以把几种鼓点连起来打，但是在丧葬仪式上还是必须要打自己村庄的鼓点。

铜鼓有公鼓和母鼓之分，区分标准有三个：一是看器形大小，公鼓小，母鼓大；二是看纹饰图案，公鼓的太阳纹光体较平，光芒较尖而长，母鼓的太阳纹光体较凸，光芒粗短而隆起呈爪状；三是根据声音辨别，公鼓音调较高，母鼓音调较低。因为铜鼓舞本身来源于丧葬仪式，所以选择母鼓占大多数。

铜鼓鼓面的花纹有（从内向外扩散）：太阳纹、十二个时辰、"酉"字纹、云纹、乳钉纹、旗纹、十二生肖、条纹。铜鼓的鼓面直径通常为48—50公分，最小的40公分，太小的只能当摆设，不能当乐器。体腔越大，频率越低，能敲出低沉的效果。

图5　公铜鼓

图6　母铜鼓

铜鼓演奏时一手用鼓槌敲击铜鼓鼓面的中心，另一手用竹片敲击铜鼓正上方。演奏铜鼓的鼓槌头要用山上的鸡血藤（一种野生植物，草药）制作，槌的把手用竹片做成。敲打铜鼓前要将鼓槌在水里泡软使用，这样产生的音色才会圆润浑厚。风桶是用杉木做成，直径约一尺左右，以小于铜鼓鼓腔为宜，高40公分左右。

皮鼓一般是用当地的粘膏树（椿树科，学名科学界还辨别不出）制作的，一般都是用老死或者自然倾倒的树干挖空而成。皮鼓高约90公分，宽约70公分。打皮鼓的鼓棒一般长约20公分，是用茶树做成。

白裤瑶铜鼓舞中，铜鼓的演奏形式始终为齐奏。在丧葬仪式上，通常是以铜鼓先自由引奏，待节奏型相对稳定时皮鼓进入，所有的铜鼓都要与皮鼓的鼓点相同。在平时的正式表演中，演奏形式通常以皮鼓领奏开始，铜鼓随后加入，从而共同完成表演。

2　节奏特点

白裤瑶铜鼓舞的主要四种打法的共同特点是：

乐曲都由两部分组成，第一部分是规整的$\frac{4}{4}$拍，速度是♩=100。经过皮鼓在鼓面与鼓梆的变化几小节演奏后，进入到转节奏段落。第二部分是不规整的变化节奏。

怀里式、岜地式的第二部分是$\frac{6}{8}$拍节奏。

瑶里式的第二部分是$\frac{7}{8}$拍、$\frac{9}{8}$拍节奏。

纪后式的第二部分是$\frac{3}{8}$拍、$\frac{6}{8}$拍、$\frac{7}{8}$拍节奏。

怀里式（皮鼓）

刘 艮 记谱

⊗ 击鼓梆

怀里式（铜鼓）

刘 艮 记谱

中：铜鼓中心　　边：铜鼓上边
出：风桶抽出铜鼓腔　进：风桶送进铜鼓腔

纪后式（皮鼓）

刘 艮 记谱

瑶里式（皮鼓）

刘 艮 记谱

瑶里式（铜鼓）

刘 艮 记谱

1 = C 4/4
♩ = 100

岜地式（皮鼓）

刘 艮 记谱

$\frac{4}{4}$ ♩ = 100

岜地式（铜鼓）

刘 艮 记谱

$\frac{4}{4}$ ♩ = 100

十五、节奏应用训练

（一）节奏学习的五种方法

在节奏训练的教学中，笔者尝试用五种不同的方法来讲解节奏的相关知识，分别是数字式、语言式、乐器演奏式、肢体动作式和音乐节拍模仿式。通过多种方式、从不同角度将节奏知识进行反复模仿练习、实践演奏，最终达到在愉悦欢快的课堂氛围中掌握节奏知识。

1 数字式

数字式是将五种常用节奏型转变成数字形式，每拍都转变成十六分音符时值的 **1**、**2**、**3**、**4** 四个数字，四个数字对应的时值上如果没有音符，就将这个数字在心里默默数出而不出声，念出声音的数字就是这个节奏型的实际演奏效果。

（1）前八后十六节奏　　**1 2 3 4**
　　　　　　　　　　　X　X X

对应 **1**、**2**、**3**、**4** 中，**2** 是不发声的数字，实际发出声音的是 **1**、**3**、**4** 三个数字。

（2）前十六后八节奏　　**1 2 3 4**
　　　　　　　　　　　X X　X

对应 **1**、**2**、**3**、**4** 中，**4** 是不发声的数字，实际发出声音的是 **1**、**2**、**3** 三个数字。

（3）附点节奏　　**1 2 3 4**
　　　　　　　　X.　　X

对应 **1**、**2**、**3**、**4** 中，**2** 和 **3** 是不发声的数字，实际发出声音的是 **1** 和 **4** 两个数字。

（4）切分音节奏　　**1 2 3 4**
　　　　　　　　　X X　X

对应 **1**、**2**、**3**、**4** 中，**3** 是不发声的数字，实际发出声音的是 **1**、**2**、**4** 三个数字。

（5）后附点节奏　X X.

对应 **1**、**2**、**3**、**4** 中，**3** 和 **4** 是不发声的数字，实际发出声音的是 **1** 和 **2** 两个数字。

2　语言式

　　语言式是将某些节奏型转变为日常生活用语来体现。节奏在大家日常生活的语言中也有体现，通过将一些节奏型转变为平时经常听到用到的语言，对于掌握不同的节奏型有很好的辅助作用。2007年笔者曾在新加坡的小学音乐课上就见到了老师用西瓜的英文单词教给学生四个十六分音符的节奏，X X X X wa-ter-me-lon。在汉语中，也有一些生活语言是节奏型的体现。

（1）前八后十六节奏

X X X　　　小 兔 子　　　乖 乖

（2）前十六后八节奏

X X X　　　中 国 队　　　加 油

（3）附点节奏

X. X　　　向. 前　　　看 齐 0

（4）后附点节奏

X X.　　　齐步.　　　走

3　乐器演奏式

　　乐器演奏式是通过一些打击乐器根据自己的喜好和感觉，演奏教师所给出的几个数字中的某几个而形成不同节奏型的效果。例如"鼓圈活动"源于非洲，流行于欧美，后传入中国，以"鼓"作为主要打击乐器，参与者围成圆圈状，指挥者站在中间，活动内容包括参与者跟随指挥者做节奏、人声、声势等的探索、模仿、即兴编创或创作，以及参与者之间、参与者与指挥间的合作等。借鉴"鼓圈"这种形式，将学生分成四人一组，人手一件打击乐器，按照 **1**、**2**、**3**、**4** 的位置坐好，练习前八后十六节奏时，**1**、**3**、**4** 的同学按照顺序演奏，**2** 的同学休息。前十六后八节奏：**1**、**2**、**3** 的同学按照顺序演奏，**4** 的同学休息。附点节奏：**1**、**4** 的同学按照顺序演奏，**2**、**3** 的同学休息。

切分节奏：**1**、**2**、**4**的同学按照顺序演奏，**3**的同学休息。后附点节奏：**1**、**2**的同学按照顺序演奏，**3**、**4**的同学休息。

4　身体动作式

身体动作式是用身体语言表现出某个节奏。课程中，教师给学生一句四拍或八拍的节奏，让学生用不同民族的舞蹈动作来表现出这段节奏。既让学生有了参与感，也发挥了他们的想象力。

5　音乐节拍模仿式

音乐节拍模仿式是根据音乐的节拍律动跟随音乐打出拍子，并说出节拍的强弱特点。首先让学生听一段所学民族的舞蹈音乐，能够分辨出是什么拍子，并说出此节拍的强弱特点。再跟随音乐打出拍子，并根据节拍的特点演奏出强弱。这种练习能够提高对节奏律动的感受，也了解了不同民族舞蹈音乐的特点。

（二）节奏应用训练实例

根据所学内容，选用20首北京舞蹈学院中国民族民间舞系课堂教学经典舞蹈音乐，编写了多声部节奏练习曲，及一首综合练习曲。舞蹈音乐的音频链接二维码在每首练习曲下方。

全音符节奏练习

《弦子舞曲》

藏族民歌
刘 艮 编配

Ⅰ 木鱼、三角铁、碰铃
Ⅱ 铃鼓、沙蛋、沙桶
Ⅲ 鼓

十五、节奏应用训练

二分音符节奏练习（一）

《翻身农奴把歌唱》

阎　飞 曲
刘　艮 编配

Ⅰ 木鱼、三角铁、碰铃
Ⅱ 铃鼓、沙蛋、沙桶
Ⅲ 鼓

二分音符节奏练习（二）
《愿亲人早日养好伤》

佚　名曲
刘　艮编配

$1=C$ $\frac{2}{4}$　♩= 66

十五、节奏应用训练

Ⅰ　小钗、碰铃、三角铁
Ⅱ　铃鼓、木鱼、沙蛋、沙桶
Ⅲ　鼓

四分音符节奏练习
《嘎达梅林》

蒙古族民歌
刘 艮 编配

Ⅰ　木鱼、三角铁
Ⅱ　铃鼓、碰铃、沙蛋、沙桶
Ⅲ　鼓

八分音符节奏练习（一）

《恰地宫保》

西藏民歌
刘㐰 编配

Ⅰ 铃鼓、沙蛋、沙桶
Ⅱ 木鱼、三角铁、碰铃
Ⅲ 鼓

八分音符节奏练习（二）

《青年参军》

东北民歌
刘良 编配

1=G 2/4
♩=112

Ⅰ 铃鼓、三角铁、沙蛋、沙桶
Ⅱ 小钗
Ⅲ 鼓、木鱼

十六分音符节奏练习

《古来亚木》

西藏民歌
刘 艮 编配

I 铃鼓、沙蛋、沙桶
II 木鱼
III 鼓

前八后十六节奏练习（一）

《草原巡逻兵》

竹　林、韧　敏曲
刘　　　艮编配

Ⅰ 铃鼓、沙蛋、沙桶
Ⅱ 木鱼
Ⅲ 鼓

前八后十六节奏练习（二）

《挤奶员舞曲》

蒙古族乐曲
刘良编配

Ⅰ 铃鼓、沙蛋、沙桶
Ⅱ 木鱼
Ⅲ 鼓

十五、节奏应用训练

前十六后八节奏练习（一）

《茉莉花》

蒙古族民歌
刘 艮 编配

I 铃鼓、沙蛋、沙桶
II 木鱼
III 鼓

Ⅰ　铃鼓、沙蛋、沙桶
Ⅱ　木鱼
Ⅲ　鼓

附点节奏练习（一）

《东北小曲》

附点节奏练习（二）

《句句双》

东北民间乐曲
刘 艮 编配

Ⅰ 小钗
Ⅱ 铃鼓、木鱼、沙蛋、沙桶
Ⅲ 鼓

切分音节奏练习

《白翠花》

蒙古族民歌
刘 艮 编配

1 = D 4/4
♩ = 120

Ⅰ 铃鼓、沙蛋、沙桶
Ⅱ 木鱼
Ⅲ 鼓

四二、四三拍节奏练习

《青稞丰收》

王　俊　武曲
刘　　艮　编配

十五、节奏应用训练

Ⅰ 铃鼓、沙蛋、沙桶
Ⅱ 木鱼
Ⅲ 鼓

四四拍节奏练习

《八景歌》

金元昌 记谱
刘 艮 编配

Ⅰ 铃鼓、沙蛋、沙桶、木鱼
Ⅱ 鼓

Ⅰ 碰铃、三角铁
Ⅱ 铃鼓、木鱼、沙蛋、沙桶
Ⅲ 鼓

中国多民族非遗传统舞蹈之节奏与应用（一）

中速节奏练习（一）

《春到茶山》

218　中国多民族非遗传统舞蹈之节奏与应用（一）

Ⅰ 木鱼、三角铁
Ⅱ 铃鼓、沙蛋、沙桶
Ⅲ 鼓

中速节奏练习（二）
《荷花舞》

刘 炽、乔 谷 曲
刘　　艮 编配

十五、节奏应用训练　221

Ⅰ 碰铃、三角铁
Ⅱ 铃鼓、沙蛋、沙桶
Ⅲ 鼓

中国多民族非遗传统舞蹈之节奏与应用（一）

十五、节奏应用训练

Ⅰ 铃鼓、沙蛋、沙桶
Ⅱ 木鱼
Ⅲ 鼓

综合节奏练习

刘 艮 曲

中国多民族非遗传统舞蹈之节奏与应用（一）

十五、节奏应用训练

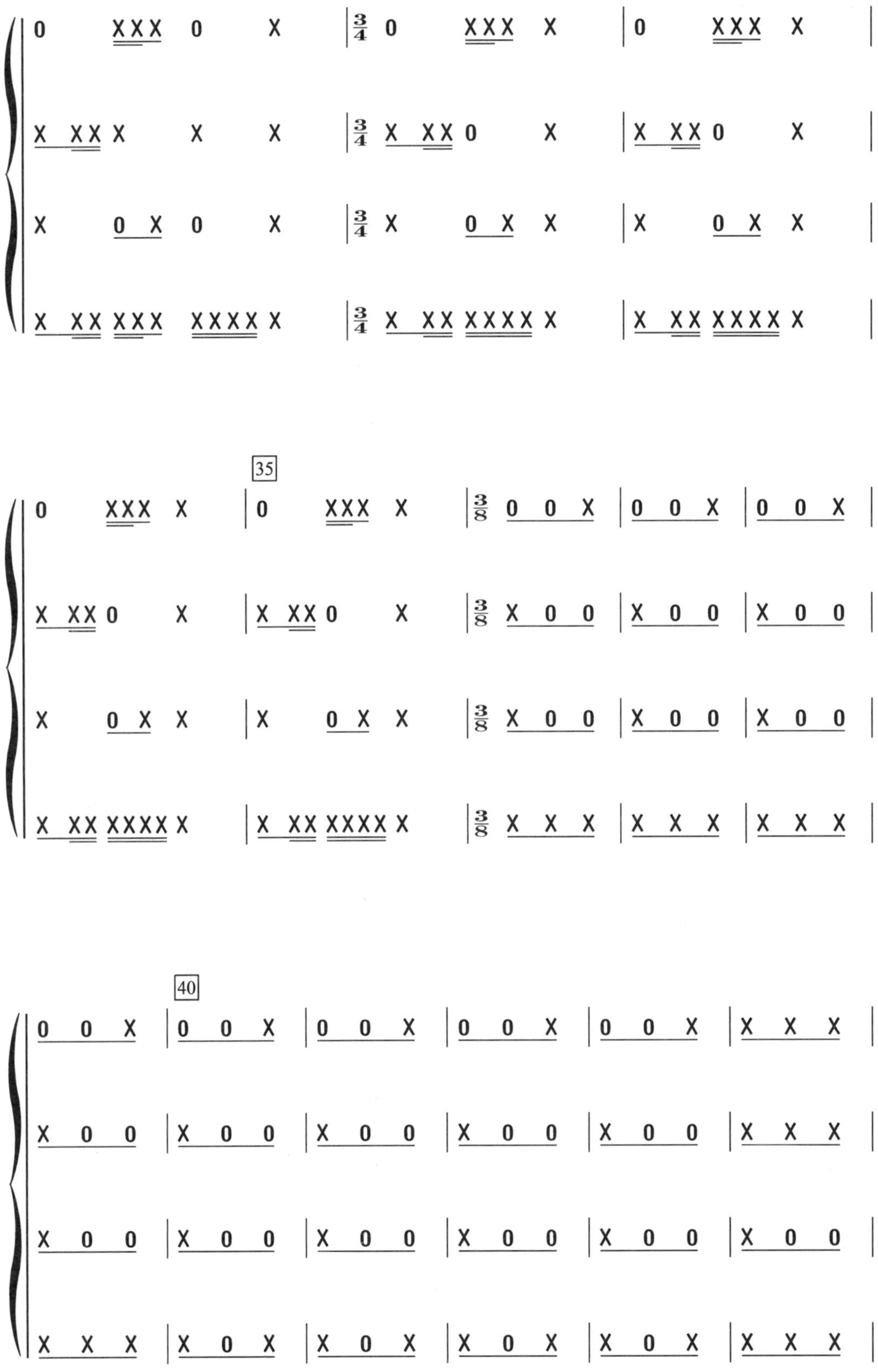
35
40

十五、节奏应用训练

Ⅰ　铃鼓、沙蛋、沙桶
Ⅱ　木鱼
Ⅲ　三角铁、碰铃
Ⅳ　鼓

（三）相关乐理知识

简　谱

什么是简谱？

简谱是一种记谱方法，据说十六世纪在欧洲就已经有了简谱，后来有两位法国人，苏埃蒂和卢梭对它加工和改革后才逐步形成了较为完备的简谱，传入中国后，被广泛应用。

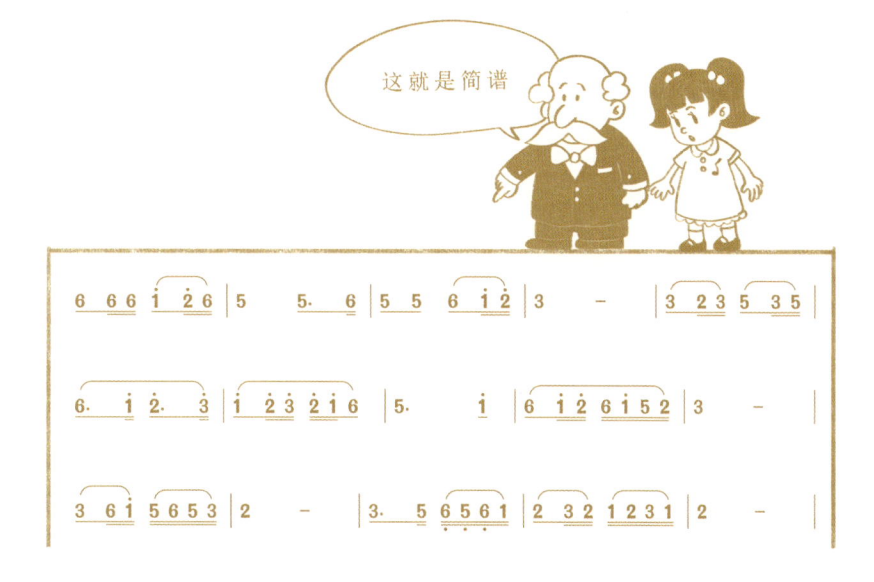

唱名、音符

1 2 3 4 5 6 7，

do re mi fa sol la si，

唱 着 歌 儿 做 游 戏。

以上这七个阿拉伯数字就是简谱中的七个基本唱名，可要记住了。

其中：**3**和**4**、**7**和**i**是半音关系，其余的两音之间都是全音关系。

十五、节奏应用训练　233

简谱有很多时值不同的音符，要表示它们，就在音符的右边或下面加上一条小横线。

音 符 右 边 增 时 线，
时 值 向 后 延 一 延。
减 时 线 在 脚 下 踩，
时 值 缩 短 减 一 减。

在音符的右边加上三条增时线，就形成了全音符。（**5** - - -）

拍着皮球学简谱，
数着一二三四五，
全音符、拍四下，
三条线在音后数。

十五、节奏应用训练

在音符的右边加上一条增时线，就形成了二分音符。（5 —）

打 着 拍 子 唱 着 歌，
二 分 音 符 拍 不 多，
一 拍 一 下 共 两 个，
延 长 一 倍 向 后 拖。

（我后面带一条横线 是二分音符，唱二拍）

音符的右边没有增时线，下边没有减时线，这就是四分音符。

一 下 一 上 为 一 拍，
四 分 音 符 就 一 拍。

（我什么线也没有 是四分音符，唱一拍）

在音符的下边加上一条减时线，就是八分音符。

一四得四、二四得八，
拍一次球、上下两下，
减时线上、一拍两音，
八分音符、一下一上。

我踩一条横线，只能唱半拍，叫八分音符

在音符的下边加上两条减时线，就是十六分音符。

脚踩两条横线，
四个兄弟相见，
跑起路来像飞，
技巧高超多练。

我踩两条横线
是十六分音符
四个才够一拍

休止符

"0"就是简谱中的休止符,有全休止符、二分休止符、四分休止符、八分休止符、十六分休止符等。休止符的右边不加增时线,只在下边加减时线。

休 止 符 是 零,
看 见 它 就 停,
无 声 胜 有 声,
过 后 你 再 行。

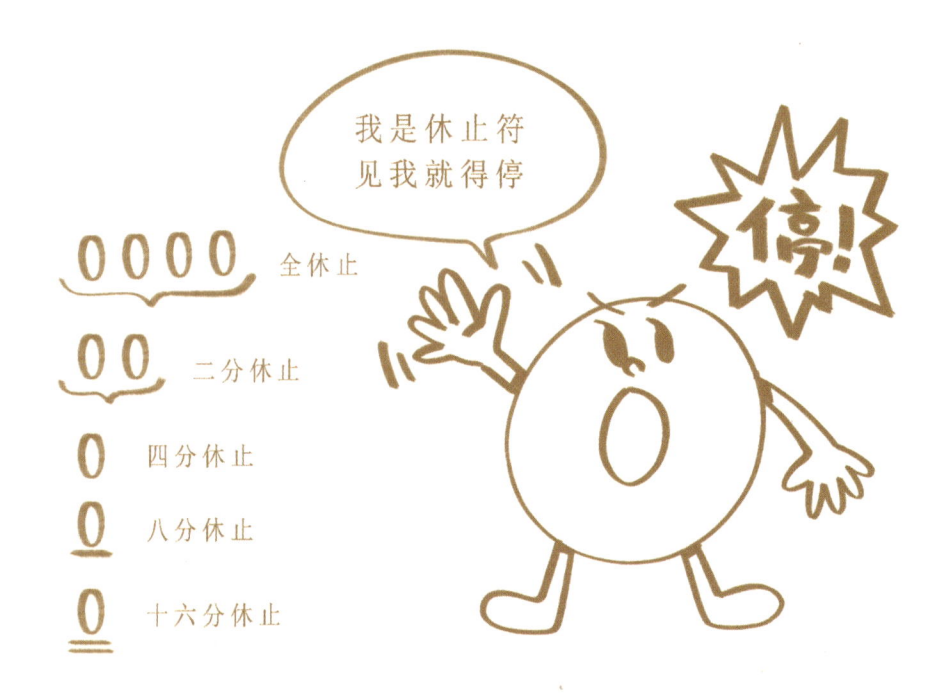

0 0 0 0　全休止

0 0　二分休止

0　四分休止

0　八分休止

0　十六分休止

我是休止符
见我就得停

停!

附　点

"．"小圆点就是简谱中的附点，延长它前边一个音符或休止符的时值的一半。

我还得多唱半拍

我是附点，跟上谁谁就能延长一半儿时值

八度关系

升　高　一　个　八　度，
头　顶　一　个　圆　点。
升　高　两　个　八　度，
头　顶　两　个　圆　点。
降　低　一　个　八　度，
脚　踩　一　个　圆　点。
降　低　两　个　八　度，
脚　踩　两　个　圆　点。

调号、节拍

在简谱的左上方，都有 **1**=C , **1**=D , **1**=G……

这就是调号。它可以告诉你，视唱或视奏的简谱中 do（1）在钢琴上的高度。

在简谱的左上方，有这样的标志：

$\frac{3}{4}$、$\frac{2}{4}$、$\frac{4}{4}$、$\frac{3}{8}$……

这就是拍子，每小节的拍数/以几分音符为一拍

例如：$\frac{2}{4}$，表示以四分音符为一拍，每小节有两拍。

五声音阶 七声音阶

在民族调式中，五声音阶就是没有**4**和**7**的音阶。

七声音阶就是**4**和**7**都有的音阶。

五声音阶　**1 2 3 5 6**

七声音阶　**1 2 3 4 5 6 7**

五线谱

音乐家把创作的音乐曲调，用各种音符和休止符记录在由五条平行的横线和谱号构成的谱表上，这就是五线谱。

据说，最早发明五线谱的人是意大利著名的音乐理论家，它的名字叫季多。五线谱的"五条线"和由五条线形成的"间"，都是自下而上计算的。为了记录更高和更低的音，在五线谱的上面或下面还要加上许多短线，这些短线叫"加线"。在五线谱上面的加线叫"上加线"，在五线谱下面的加线叫"下加线"。

记录音符的位置

上加一线
上加一间
第五线
第四间
第四线
第三间
第三线
第二间
第二线
第一间
第一线
下加一间
下加一线

唱名、音名

五线谱中音符的七个基本唱名同简谱的唱名一样。

在五线谱中这些唱名的位置是：

下 加 一 线 就 是 do，下 加 一 间 便 是 re，
第 一 线 上 要 唱 mi，第 一 间 里 需 唱 fa，
第 二 线 上 唱 出 sol，第 二 间 里 唱 出 la，
第 三 线 上 是 唱 si，第 三 间 里 高 音 do。

以上这七个音的排列就是C大调音阶，音乐理论中称这七个音为自然音。

在自然音中，除了mi与fa；si与do之间是半音关系外（钢琴上可以看见它们之间没有黑键），其它音之间均为全音关系（钢琴上可以看见它们之间均有一个黑键）。

C D E F G A B
这是七个基本唱名对应的音名。

五线谱中 do re mi,

它们的音名是 C D E,

Fa sol la、F G A,

剩下一个 si 对着 B。

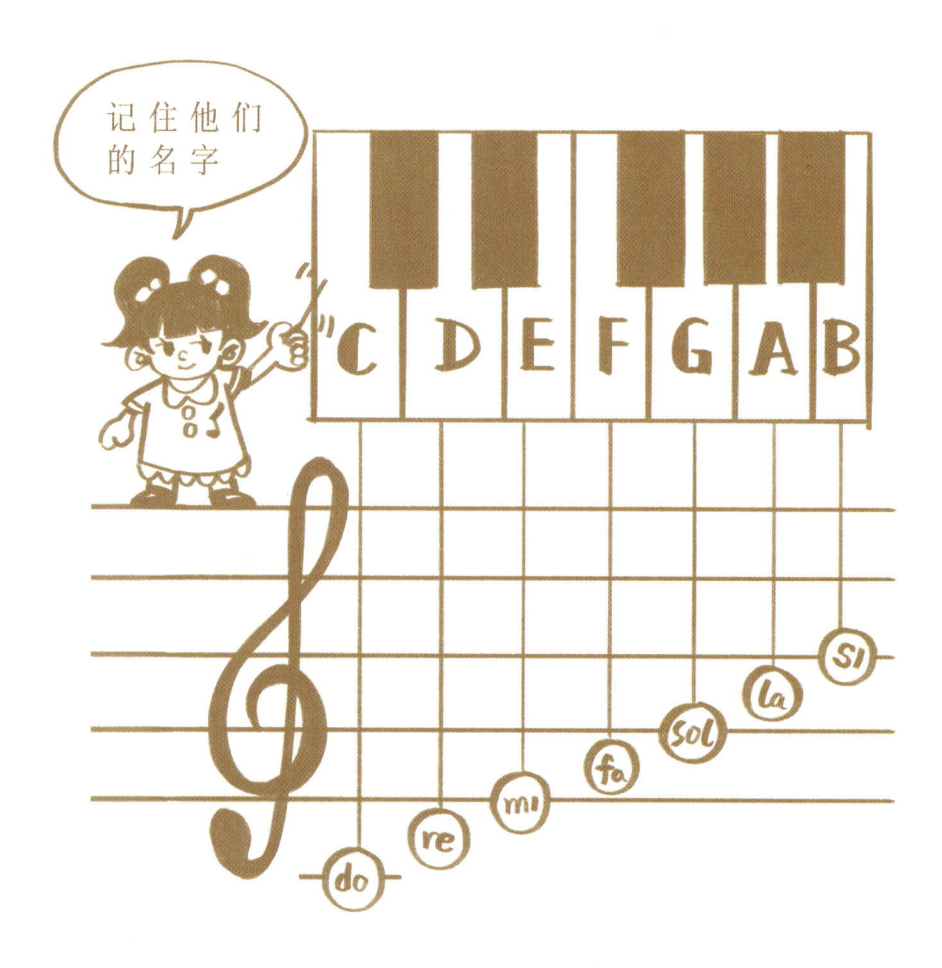

谱号、谱表

谱号是用来划分音乐中音区的,只要一看到五线谱上的谱号,便知乐谱的大致音区了。

高音谱号　　　　中音谱号　　　　低音谱号

高音谱号
（G谱表）

中音谱号
（C谱表）

十五、节奏应用训练 245

在五条平行横线的左端加上谱号，就形成了用来记录不同音高、时值的音符和休止符的表，这就是谱表。

谱表主要有四种：（1）高音谱表——又叫G谱表

（2）中音谱表——又叫C谱表

（3）低音谱表——又叫F谱表

（4）大谱表

音符时值

记录音乐中高低不同、时值不同的音的符号，叫"音符"。

一般要求符头在第三线以下，符干及符尾可朝上写；符头在第三线以上，符干及符尾可朝下写。

全音符：空心符头没符干，看见我就唱四拍。

二分音符：空心符头加符干，看见我就唱两拍。

$\sharp + \sharp = o$

四分音符：实心符头加符干，看见我就唱一拍。

$\sharp + \sharp = \sharp$

八分音符：实心符头加符干，
后面一条小尾巴，
猜猜我、唱几拍，
两个兄弟是一拍。

十六分音符：实心符头加符干，
后面两条小尾巴，
看见我要唱几拍，
我们四个唱一拍。

休止符：它和音符一样，也分为全休止符、二分休止符、四分休止符、八分休止符、十六分休止符等。

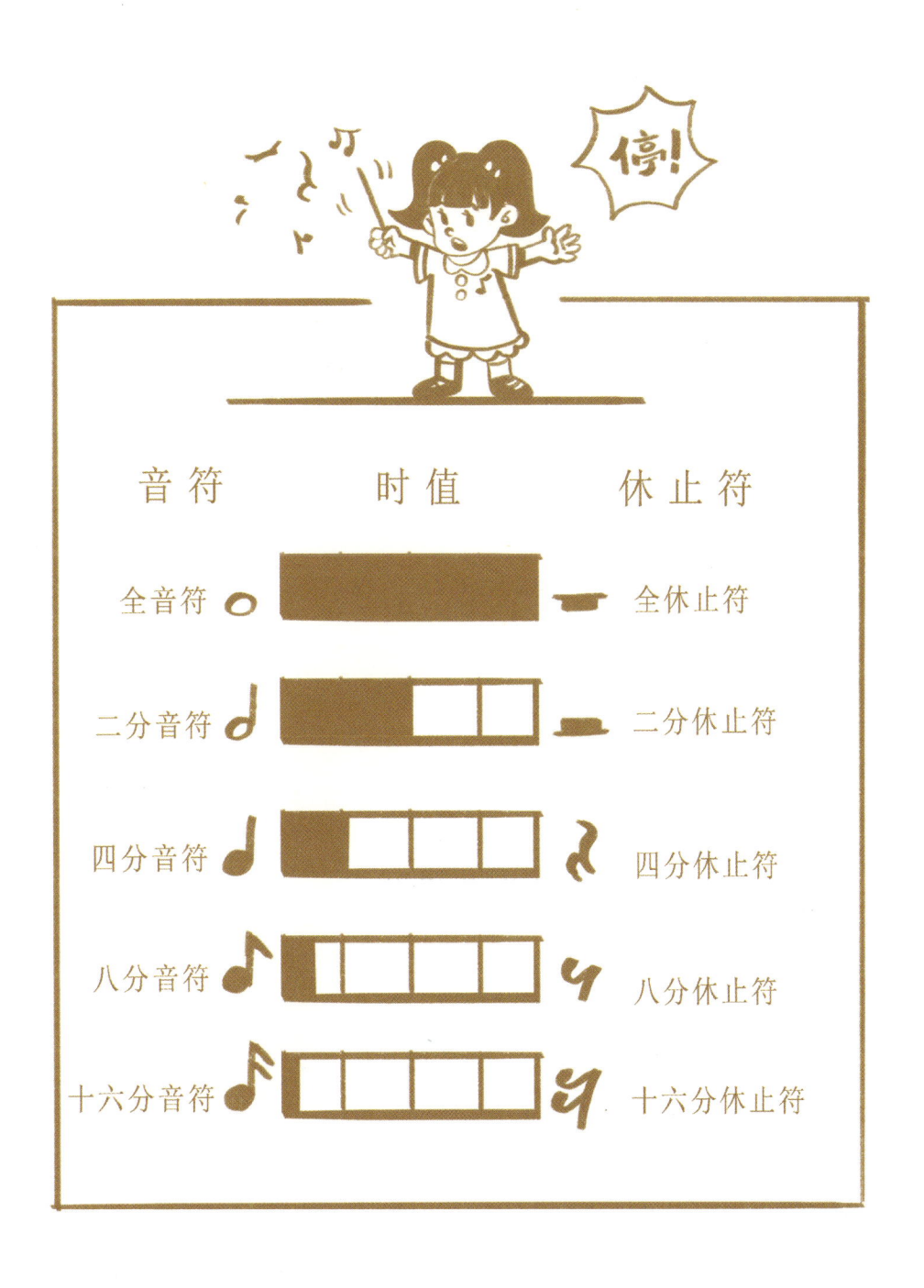

音符	时值	休止符
全音符 𝅝		全休止符
二分音符 𝅗𝅥		二分休止符
四分音符 ♩		四分休止符
八分音符 ♪		八分休止符
十六分音符 𝅘𝅥𝅯		十六分休止符

十五、节奏应用训练

在音符和休止符的右边有一个小圆点，叫"附点"。

它的作用是延长前边音符或休止符的时值。每个附点的时值是前边音符或休止符时值的一半。

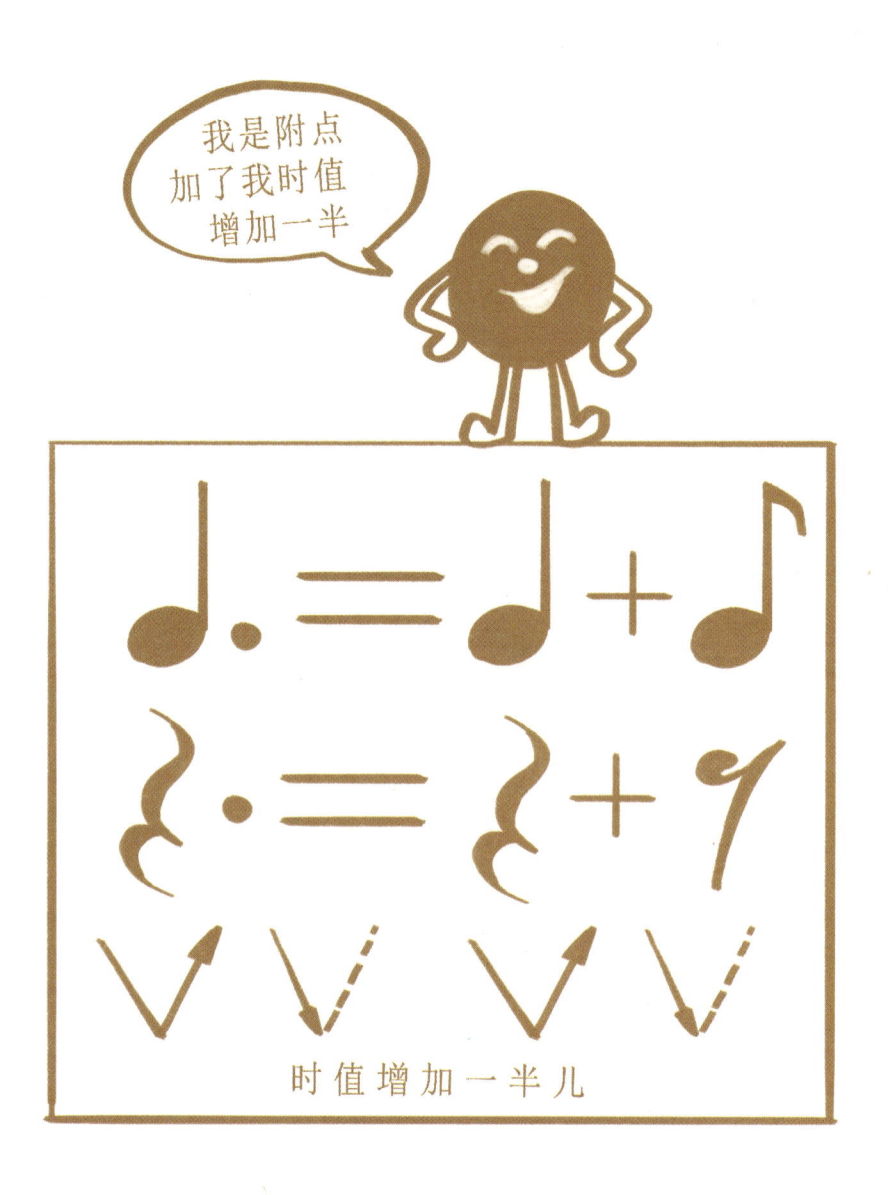

参考文献

（1）《中国花鼓灯艺术》 谢克林著，安徽人民出版社，1990年2月。

（2）《安徽花鼓灯》 高倩编著，人民音乐出版社，1985年3月。

（3）《花鼓灯音乐概论》 汤兆麟著，黄山书社，2005年4月。

（4）《中国花鼓灯》 安徽省艺术研究院编，李春荣主编，安徽教育出版社，2014年3月。

（5）《东北大秧歌》 李瑞林、战肃容编著，文化艺术出版社，2004年12月。

（6）《一种古老艺术的前世今生——东北秧歌研究》 肖振宇著，辽宁人民出版社，2014年12月。

（7）《昌黎地秧歌》 腾运涛、田国安主编，中国戏剧出版社，2012年11月。

（8）《花钹大鼓》 北京群众艺术馆编，少年儿童出版社，1953年7月。

（9）《京西太平鼓》 高洪伟口述、张冠玉整理，知识产权出版社，2018年11月。

（10）《太子务武吵子》 赵玉良著，北京美术摄影出版社，2017年1月。

（11）《中国民族民间舞蹈集成北京卷》 中国民族民间舞蹈集成编辑部编，中国ISBN中心出版，1992年10月。

（12）《达斡尔族"哈库麦勒"》 杨士清、何文钧、鄂忠群主编，黑龙江人民出版社，2012年7月。

（13）《达斡尔族民歌精选》 内蒙古文化艺术长廊建设计划重点项目组编，内蒙古文化音像出版社，2018年。

（14）《中国民族民间舞蹈集成内蒙古卷》 中国民族民间舞蹈集成编辑部编，中国ISBN中心出版，1994年9月。

（15）《中国民族民间舞蹈集成海南卷》 中国民族民间舞蹈集成编辑部编，中国ISBN中心出版，1999年7月。

（16）《迪庆锅庄》 迪庆藏族自治州文化馆、迪庆藏族自治州非物质文化遗产保护中心编著，云南民族出版社，2010年8月。

（17）《奔子栏锅庄选集》 斯那农布主编，云南民族出版社，2018年11月。

（18）《奔子栏藏族锅庄歌舞》 李志农、陆双梅著，云南人民出版社，2009年7月。

（19）《中国民族民间舞蹈集成新疆卷》 中国民族民间舞蹈集成编辑部编，中国ISBN中心出版，1998年5月。

（20）《中华舞蹈志新疆卷》《中华舞蹈志》编辑委员会编，学林出版社，2014年1月。

（21）《丝路乐舞之旅——新疆少数民族音乐舞蹈》 蔡宗德、周菁葆主编，世界文物出版社，2000年3月。

（22）《西域音乐史》 宋博年、李强著，新疆人民出版社，2006年9月。

（23）《维吾尔民间舞蹈麦西来普》 毕研洁、周亮著，社会科学文献出版社，2014年11月。

（24）《朝鲜族传统音乐节奏形态"长短"的研究》 权吉浩、李晶著，人民音乐出版社，2013年7月。

（25）中国传统音乐学会第五届年后论文《朝鲜族民族音乐"长短"的初步研究》 中国音乐家协会 王宝林 1988年7月。

（26）《朝鲜族舞蹈史》 朴永光著，人民音乐出版社，1997年10月。

（27）《朝鲜族音乐"长短"与舞蹈》 池福子著，民族出版社，2001年1月。

（28）南丹县瑶族铜鼓舞《勤泽格拉》资料汇编 南丹县民族民间舞蹈集成编写小组姚志虎、陈海英编写，1986年1月。

（29）《中国民间舞蹈音乐概论》 袭柳钦著，中国戏剧出版社，1994年6月。

（30）《中国大百科全书音乐舞蹈》 中国大百科全书出版社编辑部编，中国大百科全书出版社，1989年4月。

（31）《中国民间舞蹈文化》 罗雄岩著，上海音乐出版社，2006年10月。

（32）《中国民间舞教材与教法》 潘志涛主编，上海音乐出版社，2001年5月。

（33）《音乐基础知识趣味读本》 王杰夫、要蕾编著，北岳文艺出版社，2000年8月。